Gabriela Rogge

Das
# "Rogge-Lesesystem"

Anleitung zum Erlernen

## Widmung

Ich widme dieses Buch meiner Mutter Brigitte
und meinem Vater Hans-Joachim, meinen Großeltern,
meinen Ahnen und Großahnen,
denn allen diesen Menschen verdanke ich
mein Potenzial und meine medialen Begabungen.

Herausgeber: Wittgenstein Verlag ®
Fürstliche Sayn – Wittgenstein'sche
Treuhand – Vermögensverwaltung GmbH
www.wittgenstein-verlag.de
Autor: Gabriela Rogge

©Alle Rechte, auch die Autorenrechte, vorbehalten.
Copyright für Text und Fotos by Wittgenstein Verlag
Kartenabbildungen mit freundlicher Genehmigung des
Königsfurt-Urania Verlages, Krummwisch
©Königsfurt-Urania Verlag, Krummwisch/Deutschland,
www.königsfurt-urania.com
Lektorat: Dr.-Ing. Helmut Hassel

Printed in Germany

1. Auflage 2018

ISBN 978-3-944354-54-5

Preis: 19,80 €

# Inhaltsverzeichnis

Einleitung..........................................................................7

Lenormand-Karten-Legesystem...................................8

Erklärung zum Deuten der Karten..............................10

Die Themenkarten........................................................12

Grundsätzlich................................................................13

Nun gehen wir mal an die Deutung heran..................14

Charakterliche Eigenschaften des Herrn....................17

Charakterliche Eigenschaften der Dame....................25

Das Korrespondieren...................................................28

Das Kombinieren mit den Unterhäusern....................30

Das „Rösseln", von der Dame ausgehend..................35

Diagonales Fortschreiten im Kartenbild....................37

Das Kombinieren von dem "Rösseln" mit den Unterhäusern...40

Wie finde ich die Personen heraus..............................46

Die männlichen Sternzeichen-Karten.........................47

Die weiblichen Sternzeichen-Karten..........................48

Arbeiten mit den Sternzeichen..................................49

Familienmitglieder anhand der Sternzeichen erkennen..........53

Bedeutung der einzelnen Lenormand-Karten....................64

Tiere..................................................................80

Fuchsstellung........................................................81

Die Erklärung zum "Rösseln".....................................83

Partnerschaftslegung...............................................84

Noch ein Tipp von mir............................................. 86

Die Spiegelung......................................................90

Kartensystem 9er Legung..........................................91

Das Keltische Kreuz...............................................93

Die Legung zu jeder gezielten Frage............................97

Partnerschaftsbild..................................................101

Familienbild........................................................102

Karten 1-36.........................................................103

# Einleitung

Durch meine mediale Begabung und natürlich auch aus langjähriger Erfahrung konnte ich das Kartenlesen und Kartendeuten der Lenormand-Karten optimieren. Meine Ergebnisse sind damit stimmig.

Ich nenne diese Methode „Rogge-Lesesystem".

Da es nirgendwo so beschrieben ist und ich mir damals auch so ein Buch gewünscht hätte, entschloss ich mich, dieses Buch zu schreiben.
Damit möchte ich jetzt mein Wissen weitergeben. Ich hoffe sehr, dass es für Euch, liebe Leserinnen und Leser, ein hilfreicher Schritt zum Erlernen geworden ist.

**Mein Tipp für Neueinsteiger:**

Legt mit den Lenormand-Karten das Partnerschaftsbild von
Seite 8 auf einem Tisch aus. Scannt, kopiert und druckt oder schneidet die Seite 103 mit der Kartenlegung 1-36 aus. So habt Ihr die Unterhäuser stets parat und erleichtert Euch das Erlernen. Geht damit Schritt für Schritt das Buch von Anfang bis Ende durch.

Anmerkung zu den Personenkarten:

Die Hauptpersonen sind in der Regel die „Dame"/29 und/oder der „Herr"/28. Wir finden aber auch unter der jeweiligen Sternzeichenkarte, siehe ab Seite 47, viele wichtige Informationen zur Hauptperson. Daher frage ich vorher immer nach den Sternzeichen.

# Lenormand-Karten-Legesystem

Ihr seht hier das große Lenormand-Kartenbild.
Es ist eine Legung über die Partnerschaft, es betrifft eine Kundin von mir, mit deren Erlaubnis ich es hier einstellen darf.

Thema der Legung: **„Werden wir zusammenkommen?"**

Euch ist es sicher aufgefallen, dass im Abstand von einem 12-Karten-Block eine Lücke entstanden ist, das ist von mir beabsichtigt.
Ich persönlich lege stets gerne das ganze Lenormand-Kartenbild aus, weil nur jede Lenormand-Karte kombiniert mit den Unterhäusern zur perfekten Aussage führt. Jedenfalls ist es meine jahrelange Erfahrung, somit kann ich in alle Themen schauen:
Z. B. woran ein bestimmtes Thema liegt, was man noch zu bearbeiten hat im Leben. Oder wo man obendrein nicht gerne hinschauen möchte, da es eventuell unsere dunkle Seite betrifft.

**Lenormand-Legesystem von 1-36 Karten**, so wie man sie ungemischt Reihe für Reihe, Karte für Karte auslegt.

**In Gedanken stellen wir uns vor:**

die Lenormand-Karten liegen sortiert von Karte Nr.1, dem „Reiter", bis Karte Nr. 36, dem „Kreuz" vor uns auf dem Tisch.

Beim Mischen werden die Karten in Bezug auf die Karten-Nummern ganz durcheinander sein, wenn wir diese auf unserem Tisch als ganzes Kartenbild Reihe für Reihe auslegen.

Während des Mischens lasse ich mir von dem Klienten immer ein „Stopp" geben. Danach lege ich immer in Neunerreihen aus, von links nach rechts, die 2. Reihe unter die erste Reihe und so weiter.

*Größere Abbildungen der beiden Legungen, Seite 101 + 103!*

## Erklärung zum Deuten der Karten

Als allererstes sind die drei ersten Legekarten wichtig, denn diese sagen aus, um welches Thema es eigentlich geht.

Die nachfolgenden Karten erzählen uns nur, wie dieses Thema zustande gekommen ist und wie es enden und ausgehen wird.

Jetzt fängt das Kombinieren mit den ausgelegten Karten mit ihren jeweiligen Unterhäusern in Kombination (in Gedanken) an, sodass man auch eine ganz zuverlässige Aussage treffen kann.

Nach meiner langjährigen Erfahrung als Kartendeuterin bekommt man erst dadurch eine genauere Aussage, bzw. kann man erst dann dem Klienten gegenüber auf seine Frage hin ganz präzise antworten.

Gleichzeitig kann man dem Fragesteller/Klienten auch mitteilen (vorausgesetzt, er möchte es wissen), woran es liegt und was er eventuell noch zu klären hat. Auch mit sich selbst, damit er dieses Thema auflösen kann bzw. könnte. Das ist ganz wichtig!
Wir haben mit den Karten nämlich die Möglichkeit, ganz tief in die jeweiligen psychologischen Themen hineinzugehen.

Hier noch einmal das Partnerschaftsbild (von Seite 8):
*Lenormand-Karten-Legungsthema:*
**„Werden wir zusammenkommen?"**

Wir stellen uns jetzt noch einmal die Karten von 1-36 in Gedanken vor, als wenn diese aktuell unter diesem hier ausgelegten Partnerschaftsbild liegen würden.

Nun gehen wir im Grunde Karte für Karte in Kombination mit der - in Gedanken darunterliegenden Karte - durch.
Ja, ich weiß, das ist nicht ganz einfach, doch mit einer gewissen Übung wird es wie „Butter" gehen, ist versprochen.

So, nun fangen wir mal an. Jeder Anfang ist schwer! Nein, ist er gar nicht.

## Die Themenkarten

Wie erwähnt, sind die ersten drei Karten die Themenkarten.

„Ein wundervoller und glücklicher Neuanfang, der auch Glück bringt."

Ohne zu wissen, worum es hier geht, das macht uns doch jetzt neugierig.

Wir suchen uns zuerst die jeweilige Hauptperson, von der unser Klient oder Ihr persönlich etwas wissen wollt. Es kann der „Herr"/28 oder die „Dame"/29 sein, je nachdem.

Ich habe mit dem Herrn in diesem Kartenbild angefangen.
In die Richtung, in der die Person schaut, da ist die Zukunft, und alles was hinter der Person liegt, ist die Vergangenheit.

Die „Dame"/29 schaut nach links, dort ist für sie die Zukunft, der „Herr"/28 schaut nach rechts, dort ist für ihn die Zukunft.

Sollten viele Karten hinter einer Person liegen, hat die jeweilige Person schon vieles hinter sich gelassen und bearbeitet, oder will es nicht anschauen, je nach dem, was dort für Karten liegen.

Hat die jeweilige Person noch viele Karten vor sich liegen, die nicht so schön sind, muss diese Person noch eine ganze Menge in ihrem Leben bearbeiten.

## Grundsätzlich

Nun hatte ich zu Anfang erwähnt, dass das ausgelegte Lenormand-Kartenbild zwei senkrechte Spalten beinhaltet, das hat drei Bedeutungen:

**Der linke Block**, der aus 12 Karten besteht, beinhaltet die Familienthematik generell jedes Klienten, vom Mann wie auch von der Frau, das ist grundsätzlich so.

**Der mittlere Block**, der aus 12 Karten besteht, beinhaltet die aktuelle Thematik einer jeden Kartenlegung, also was im Moment im Leben der Person für eine Rolle spielt.

**Der rechte Block**, der aus 12 Karten besteht, beinhaltet das Weiterkommen, bzw. die Zukunft.
Dieser Block beinhaltet Arbeit/Beruf, Freunde und Bekannte. Je nach dem, was dort für Karten gefallen sind, können wir erlesen, was dort für eine Thematik in den Bereichen ansteht.

# Nun gehen wir mal an die Deutung heran

Am Anfang der Deutung schaut man immer auf die ersten drei Karten. Diese nennt man, wie schon erwähnt, die „Themenkarten". Diese drei Karten sagen aus, um was für eine Thematik es im Leben des Fragestellers geht. Doch müssen wir diese besagten drei Karten genauer durchleuchten, damit wir zu einer detaillierten Aussage kommen können, die der Klient von uns erwartet.
Sonst wäre mit den „Themenkarten" schon alles gesagt, das wäre vielleicht prima und einfach, wie hier in diesem Falle, doch so einfach ist es nicht, wenn man ein großes Kartenbild ausgelegt hat.

Das sind die ersten drei Themen-Karten hier im Kartenbild:

+       +       =

das höchste Glück, auch Wunscherfüllung mit dem

Kind = Neuanfang und dem

Kleeblatt = kleines Glück, junges Glück

Offensichtlich kennen diese Menschen sich noch nicht lange, davon kann man im Grunde hier ausgehen.

**Erklärung:**
das Kind, der Neuanfang, das Kleeblatt.
Aussage: das neue junge Glück!

Es geht um den Anfang eines superschönen Glücks. Lassen wir uns aber davon nicht täuschen. Wir müssen erst einmal genauer hinschauen, was es damit auf sich hat, indem wir auf die jeweiligen einzelnen Kartenplätze und die darauf ausgelegten Karten sowie die damit verbundenen Unterhäuser schauen. Nämlich der „Sterne"/16, des „Kindes"/13 und des „Kleeblattes"/2, ehe wir eine genauere Aussage treffen können. Bei diesem Kartenbild wissen wir ja schon, es geht um eine Partnerschaft. Wüssten wir es nicht, könnten diese drei Karten jedes andere Thema betreffen.

**Vorgehensweise:**
Wir gehen wieder „Schritt für Schritt" vor. Einbezogen werden nun von den ersten drei Karten die jeweiligen Unterhäuser.
Die erste Karte im ganzen Kartenbild ist die „Sternenkarte"/16.
Diese liegt im ausgelegten Kartenbild ganz oben links.
Die darauffolgende Karte ist das „Kind"/13 und die darauf folgende Karte das „Kleeblatt"/2.
Wie ihr jetzt bestimmt schon wisst, ist das allererste Unterhaus der „Reiter"/1, auf dessen Platz die „Sternenkarte"/16 liegt. Der „Reiter"/1 sagt nämlich die „Aktion" aus. Zum Beispiel: Wo tritt der oder die betreffende Person in Aktion, oder was tritt in Aktion? Also suchen wir im Kartenbild die Karte „Reiter"/1, auf welchen Platz sich diese Karte im Kartenbild hingelegt hat.
Dasselbe Spielchen unternehmen wir dann mit der 2. und 3. Karte. Das Unterhaus vom „Kind"/13 ist das „Kleeblatt"/2, und vom „Kleeblatt"/2 ist das Unterhaus das „Schiff"/3.

**Weiter geht es:**
Die „Sterne"/16 gehören auf den Kartenplatz, auf dem jetzt der „Ring"/25 liegt. Die Karte das „Kind"/13 gehört auf den Kartenplatz, auf dem jetzt der „Mond"/32 liegt. Das „Kleeblatt"/2 gehört auf den Kartenplatz, auf dem jetzt die Karte das „Kind"/13 liegt.

**Die dazugehörige Aussage lautet wie folgt:**
Ein stetig wiederkehrender (der „Ring"/25) wunderschöner (die „Sterne"/16) glücklicher (das „Kleeblatt"/2) Neuanfang (das „Kind"/13).
Doch nicht zu vergessen, das „Kleeblatt"/2 und das „Kind"/13 bedeuten zusammen einen glücklichen jungen Neuanfang. Wir werden das Thema noch näher beleuchten. Na, jetzt schauen wir uns doch mal den Herrn an, was bei ihm los ist.

# Charakterliche Eigenschaften des Herrn

Alle Karten, die um ihn (den „Herrn"/28) herum liegen, sind seine charakterlichen Eigenschaften. Wir deuten immer von links nach rechts und von oben nach unten.
Aber auch diagonal von links oben nach rechts unten und dann diagonal von links unten nach rechts oben. Komplett um die Person herum, kreuz und quer, wenn man es so sagen möchte.

**Wir schauen uns nun die charakterlichen Eigenschaften des Herrn an:**

Aussage:
**Diagonale linke Seite** (der rote Strich)
*von links oben nach rechts unten gelesen*:
Seine Gedanken betreffend Harmonie, Distanz, Sexualität und Familie (die „Lilie"/30), die er mit Sicherheit (der „Schlüssel"/33) beständig (der „Turm"/19) haben möchte, tritt er gleichzeitig mit Füßen (so nennt man Karten, die unter einer Person liegen). Näheres beschreibe ich noch.
Unter seinen Füßen liegt der „Berg"/21. Er blockiert alles, dies sagen der „Berg"/21 und der „Turm"/19 aus. Es betrifft auch seine Herkunftsfamilie, seine Eltern.


**Diagonale rechte Seite** (der blaue Strich)
*von rechts oben nach links unten gelesen:*
Er denkt an Rückzug, der „Turm"/19, auch Sturheit, und lässt sich die Ängste und Sorgen, der „Sarg"/8, nicht anmerken. Er tritt seine Ängste mit Füßen.


**In der Senkrechten** (der grüne Strich)
*von oben nach unten gelesen:*
Vom Charakter ist er eher oberflächlich und unverbindlich, der „Brief"/27, obendrein ist er auch viel zu schnell, der „Brief"/27. Es bezieht sich auch insbesondere generell auf sein Handeln, die „Ruten"/11. Auch auf seine Kommunikation, denn das Unterhaus vom „Brief"/27 sind die „Ruten"/11.
Im weiteren Verlauf der Karten-Deutung werden wir sehen, warum er die Blockade, den „Berg"/21, mit Füßen tritt. Wir möchten ja jetzt erst seinen Charakter beschreiben.

## Der linke Kartenblock-Auszug

Hier ein linker Kartenblock-Auszug aus dem gesamten Kartenbild. Es betrifft alles, was um den Herrn herum liegt, nur etwas spezifischer aufgeteilt:

*Linke Seite    Mitte    Rechte Seite*

Ihr seht, was man alles im Kartenbild zum Beispiel an charakterlichen Eigenschaften herauslesen kann. Wir sind mit der Kartendeutung erst am Anfang. Es wird noch spannender, wenn wir erst Schritt für Schritt durch das ganze Kartenbild lesen werden. Man kann hier ganz viele Aussagen treffen. Man könnte es auch eine „Neuner-Legung" nennen, doch das tun wir jetzt hier nicht, das kommt später in einer anderen Legungsart.

Jetzt kommen wir zu den Deutungen auf den vertikalen bzw. senkrechten Ebenen des Herrn:

**Linke Seite:**
Wir sehen, der Herr wendet sich von jeglichen Handlungen, betreffend Harmonie, Sexualität und familiären Dingen ab, die auch Kummer und Sorgen mit sich bringen könnten.

**Mitte:**
Der Herr ist unverbindlich, der „Brief"/27 und der „Berg"21, und macht sich nicht die Mühe, sich mal darüber Gedanken zu machen. Was hinter ihm liegt, will er nicht wissen.

**Rechte Seite:**
Der Herr hier noch einmal, er macht stopp, der „Turm"/19 könnte auch Selbständigkeit bedeuten. Der „Fuchs"/14 zeigt auf den „Herrn"/28. Er wartet einfach ab. Schauen wir uns später an, was der Fuchs zu bedeuten hat. So fühlt er sich offensichtlich sicherer, der „Schlüssel"/33.

**Wir nehmen uns die senkrechte Ebene** (linke Reihe) **von dem „Herrn"/28 vor:**

Von der Kommunikation „Ruten"/11 und von der Handlung „Ruten"/11 dreht sich der Herr weg (da es hinter seinem Rücken liegt), es sagt nur aus, dass er sich nicht erklären möchte.
Offensichtlich hat der Herr gewisse Sorgen und Ängste, betreffend auch Harmonie und Sexualität. Das Thema ist wohl eine Familienthematik, die „Lilie"/30. Er möchte nicht auf diese Seite des Lebens schauen und nichts von der Problematik wissen – dreht ihnen den Rücken zu.
Wenn Karten unter einer Person liegen, dann kann man davon ausgehen, dass diese Themen nicht interessieren, oder der Person einfach nicht wichtig genug sind. Ebenfalls kann auch gesagt werden, wie es in der Kartensprache heißt:
Die Person tritt diese Themen mit Füssen.

**Senkrechte Ebene - Mittlere Reihe - von dem „Herrn"/28:**
Die männliche Hauptperson denkt schnell und oberflächlich.

Wie schon im Vorfeld beschrieben, will er es gar nicht zulassen und glauben, das „Kreuz"/36 in der Waagerechten.

Zu diesen drei einzelnen, sehr interessanten Karten in diesem Kartenbild, kommen wir später, *ab Seite 44,* noch genauer.

Anmerkung:
Ich habe etwas vorausgeschaut, sorry. Fazit ist, man kann mit ihm nicht reden, was bestimmte Themen betrifft.

Eine Anmerkung meinerseits:
Seine Persönlichkeit ist nicht einfach! Wir sehen es auch noch einmal in der **rechten senkrechten Reihe:**

Der Turm kann bedeuten:
Selbständigkeit, eine leitende Position haben, Führungspersönlichkeit im Arbeitsleben. Doch als charakterliche Eigenschaft auch Sturheit.

Aussage:
„Bis hierhin und nicht weiter" signalisieren: „STOPP". Das ist auch der besagte Rückzug, den wir Frauen überhaupt „nicht lieben".

Der „Fuchs"/14, in dieser Stellung bei ihm, besagt die Vorsicht, die Situation abwartend, sie sich anschauend. Auch das werden wir noch auseinanderpflücken, warum er so vorgeht und weshalb.

Im Kartenbild werden wir noch sehen, dass es für den Herrn „Stopp" und „Eigenschutz" bedeutet.

So, jetzt haben wir die Person „Herr"/28 und seine charakterlichen Eigenschaften auf allen Ebenen auseinandersortiert.

# Charakterliche Eigenschaften der Dame

Nun schauen wir auf die charakterlichen Eigenschaften der Dame. Leider können wir nicht so viele Eigenschaften bei ihr sehen. Es liegt daran, dass die Dame ganz unten liegt.

**Linke Diagonale:**
Hier sehen wir, ihre Gedanken gehen in Richtung Arbeit, „Anker"/35, der in ihrer Zukunft liegt. - Wir deuten immer in Blickrichtung der Person. Diese schaut nach links, ihre Gedanken sind in die Zukunft gerichtet. - Es betrifft auch ein gewisses „Festhalten", der „ Anker"/35. Wir werden mal schauen, wen oder was sie generell noch festhalten könnte, da kommen wir noch hin.

**Rechte Diagonale:**
Von der Dame aus gesehen, also hinter ihr liegend, hat sie in naher Vergangenheit plötzliche, die „Sense"/10, Reisen unternommen, das „Schiff"/3 und darunter liegend die „Störche"/17. Die „Störche"/17 ist eine Duplikations-Karte, deshalb die Mehrzahl Reisen. Zusätzlich sind auf der „Störche-Karte"/17 zwei Störche abgebildet.

Sie hat sich wahrscheinlich auch frei wie ein Vogel, die „Störche"/17, gefühlt. Sie will offensichtlich an ihrer Freiheit (das „Schiff"/3) festhalten (der „Anker"/35).

**Nun sehen wir uns die senkrechten Charakterebenen von der Dame an:**

*Linke Seite    Mitte    Rechte Seite*

**Linke Seite:**

Sie ist eine starke, selbstbewusste und helfende Frau, der „Bär"/15, auch Mutter Theresa, die Helfende genannt, woran sie auch festhält, das sehen wir an dem „Anker"/35.

**Die Mitte:**

Sie hat keine Probleme, sich sofort (die „Sense"/10) für Menschen einzusetzen (der „Bär"/15).

**Rechte Seite:**

Die „Dame"/29 hat sich im Abstand von drei Wochen (die „Wege"/22) zu den beiden Reisen schnell und plötzlich (die „Sense"/10) entschlossen. Die Reisen fanden in der nahen Vergangenheit statt, da diese hinter ihr liegen. Ich komme auf drei Wochen, da die „Sense"/10 etwas wegnimmt, nämlich von der „Wege-Karte"/22, die Hälfte, also drei Wochen. Zeitlich besagt die „Wege-Karte"/22 ca. sechs Wochen aus.

Ihre Persönlichkeit zeigt sich durch die Karte der „Bär"/15 und die Flexibilität, die „Störche"/17. Die Karte die „Störche"/17 bedeutet auch Flugreisen/Umzug und Weiterkommen, beruflich wie auch im Privaten. Man kann davon ausgehen, dass sie alle diese Dinge in der nahen Vergangenheit getätigt hat, da dieses Thema direkt hinter ihr liegt.

**In der Waagerechten:**

Von den „Wegen"/22 aus nach links sehen wir das „Buch"/26 und den „Ring"/25. Das „Buch"/26 liegt im Unterhaus des „Sarges"/8.

Die passende Aussage dazu lautet: Die „Dame"/29 macht sich kontinuierlich (der „Ring"/25) insgeheim (das „Buch"/26) Sorgen (der „Sarg"/8) um ihre helfende (der „Bär"/15) Arbeit (der „Anker"/35), wenn sie unterwegs (das „Schiff"/3) oder auf Reisen ist.

## Das Korrespondieren

Wir sind noch bei der „Dame"/29 im Kartenbild. Man kann ihr ohne weiteres Geheimnisse anvertrauen, das „Buch"/26. Es korrespondiert ein bisschen um die Ecke zu den „Störchen"/17.
In der Sache haben wir nämlich wieder einen Hinweis zu dem „Herrn"/28.

Hier ein Beispiel des Korrespondierens:
Wir schauen auf das „Buch"/26, dieses liegt im Unterhaus der „Störche"/17, und schauen uns gegenüber im Kartenbild, auf der linken Seite, die Gegenkarte, den „Brief"/27, an. Dieser liegt im Unterhaus der „Ruten"/11.

Zu den Karten „die Kommunikation":
Die Karte der „Brief"/27 bedeutet auch: Brief/SMS/E-Mail, Anruf - einfach alles, was schnell ist. Die Karte die „Ruten"/11 zählt auch dazu, je nach Frage und Situation.
Das „Buch"/26 bedeutet, die „Sache" findet im Geheimen statt.
Die Dame schaut in die geschlossene Seite des „Buches"/26, - geheim, niemand weiß es -, das „Buch"/26 ist geschlossen.
Für mich bedeutet das „Buch"/26 aus meiner Erfahrung heraus auch ein Fragezeichen.
Darunter liegend sehen wir die „Sense"/10 im Unterhaus des „Buches"/26, daneben das „Schiff"/3 im Unterhaus des „Briefes"/27. Die Gegenkarte des „Schiffes"/3 sind die „Ruten"/11.
Sie liegen im Kartenbild hinter dem „Herren"/28.

Das bedeutet, dass sie schon sehr ungeduldig auf eine Nachricht von ihm wartet. Außerdem weiß sie nicht, wann er sich meldet oder ob er sich meldet.

Sie ist auch eine sehr gefühlvolle Frau, die immer hilft, wenn es von Nöten ist. Das sehen wir an den „Fischen"/34 (dem sensitiven Gefühl), dem „Herz"/24 (der Liebe zu allem, was sie macht und angeht), dem „Buch"/26 (dem „Geheimen Wissen", was sie intuitiv mit in die Wiege gelegt bekam), sowie dem „Bären"/15 (auch „Mutter Theresa", so nenne ich es persönlich). Das alles betrifft auch den beruflichen Bereich, was durch den „Anker"/35 erkennbar ist.

# Das Kombinieren mit den Unterhäusern

So jetzt kombinieren wir mit den Unterhäusern. Es wird spannend und interessant werden. Da wir durch das Arbeiten mit den Unterhäusern - die wir uns im Kopfe vorstellen - sehr viel mehr über die einzelnen Karten und deren Bedeutungen in Kombination mit den darüber liegenden, gemischten Karten - mit absoluter Sicherheit - mehr in Erfahrung bringen können und werden. Wir sehen uns jetzt das Partnerschaftsbild, das bereits für meinen Klienten gemischte Lenormand-Kartenbild, an.

Wir nehmen uns die Karte der „Herr"/28 vor. Dieser hat sich auf den Platz der „Öffentlichkeit"/20 gelegt. Das besagt, dass der „Herr"/28 wohl mit vielen Menschen zu tun hat, eventuell auch ein Mensch der „Öffentlichkeit"/20 ist.
Anschließend suchen wir uns jetzt die Karte die „Öffentlichkeit"/20, damit wir einen Hinweis darauf bekommen, worauf sie sich bezieht, bzw. in welchem Bezug das Thema „Öffentlichkeit"/20 stehen könnte. Nun, die Karte „Öffentlichkeit"/20 liegt auf dem „Bären"/15, dem Unterhaus.

Wir kombinieren also im Kopfe mit dem sortierten Kartenbild (Karten von 1 bis 36) und mit dem gemischten Kartenbild (Partnerschaftsbild), das wir jetzt mit den jeweiligen einzelnen Karten förmlich zusammenlegen. Somit werdet Ihr merken, dass Ihr diese Kartenbild-Kombinationen der einzelnen Karten recht bald automatisch im Kopfe habt und diese flott kombinieren könnt. Es ist alles nur Übung!

Gleich sehen wir, dass die Karte der „Bär"/15 die „Dame"/29 vor sich liegen hat und gleichzeitig von der „Dame"/29 aus gesehen - in der Diagonalen - von ihr nach links oben auf die „Öffentlichkeit"/20 kommt. So scheint auch die Dame eine Frau der „Öffentlichkeit"/20 zu sein. Wieder haben die Beiden einen gemeinsamen Bezug zueinander.

Wie Ihr sicherlich schon bemerkt habt, mussten wir ein bisschen um die „Ecke" schauen, denn vom „Herrn"/28 aus gesehen ist nicht immer eine Diagonale, es geht dabei etwas um die sprichwörtliche „Ecke". Deshalb nennt man es auch „Rösseln", um dort hinzugelangen.

Vergessen wir nicht, dass wir auf die Beziehung der Beiden schauen wollen.

Frage: Wie stellt sich der „Herr"/28 zu dieser Beziehung mit der „Dame"/29?

Da haben wir weiter, vom „Herrn"/28 aus gesehen, den „Brief"/27 auf seinem Kopf liegend. Suchen wir uns jetzt das Unterhaus des „Briefes"/27, dort sehen wir, hat sich das „Schiff"/3 hingelegt, schräg nach links darunter, die „Dame"/29. Weiter geschaut vom „Herrn"/28 ausgegangen, kommen wir von dem „Brief"/27 gleich auf das „Kleeblatt"/2. Da der „Herr"/28 nicht in der Diagonalen vom „Kleeblatt"/2 ausgesehen liegt, sondern etwas versetzt, nennt man diese Unterbrechung von der Diagonalen „Rösseln".

Da der „Herr"/28 in der Diagonalen nach rechts den „Turm"/19 förmlich vor der Nase liegen hat, werden somit die Nachrichten zur „Dame"/29 öfters unterbrochen.

Erkennen können wir diese Unterbrechungen an dem „Kleeblatt"/2, denn diese Karte sagt mindestens die Zahl zwei aus.
An dem „Brief"/27 und dem „Kleeblatt"/2 sehen wir, dass diese Nachrichten vom ihm aus gesehen auch nur oberflächlich sind, also nicht verbindlich.

Weiter sehen wir, im Unterhaus des „Briefes"/27 liegt das „Schiff"/3. Ein Hinweis auf die Reisen, die die „Dame"/29 mit SMS-Verabredungen mit dem „Herrn"/28 getroffen hat – die er dann vermutlich zu ihr hin unternommen hat - in der Vergangenheit. Es kann durchaus nur verbal, die „Ruten"/11 und die Gegenkarte das „Schiff"/3, betreffend der Reise, gemeint sein.

Zur Erklärung:

Die linke Reihe und die ganz rechte Reihe des ausgelegten Kartenbildes, gehören auch im weitesten Sinne zusammen und werden, je nach dem Thema, wie hier z. B. auch im Zusammenhang gelesen und gedeutet.

Doch hat die „Dame"/29 sein „Herz"/24 - sein „inneres Kind" (das „Kind"/13) - angesprochen. In der ersten Legereihe können wir das Thema erkennen.

Hier haben wir wieder den Hinweis auf den glücklichen (die „Sterne"/16) Anfang (das „Kind"/13) eines jungen Glücks (das „Kleeblatt"/2) - wie im Vorfeld beschrieben.

Schauen wir uns das Unterhaus von dem „Kind"/13 an, dort liegt die Karte der „Mond"/32, das gute Gelingen und im Grund der Erfolg in der Beziehung, wenn sich der „Herr"/28 nicht so sträuben (der „Turm"/19 - auch „Stopp" genannt -) und die Beziehung zulassen würde. Somit kümmert sich die „Dame"/29 kontinuierlicher (der „Ring"/25) um ihren Beruf (der „Anker"/35), denn der „Ring"/25 liegt genau über dem „Anker"/35.

Er persönlich scheint vollkommen glücklich mit seiner momentanen Situation, die „Sterne"/16 und das „Kleeblatt"/2, zu sein.

Im gleichen Zuge schauen wir uns den Block von der „Dame"/29 im Kartenbild an.

Nun schauen wir uns den „Ring"/25 an, der sich auf der Seite der „Dame"/29 hingelegt hat, und dieser liegt im Unterhaus der „Sterne"/16.

Es sagt nur aus, dass die „Dame"/29 sich gar nicht intensiv um die „Beziehung" kümmert, da der „Ring"/25 im Zusammenhang zu ihrem Beruf (der „Anker"/35) liegt – in der Senkrechten zu ihr – der ihr mit absoluter Sicherheit wichtiger erscheint. Offensichtlich ist die „Dame"/29 in einem sozialen Beruf tätig, der „Bär"/15.

# Das „Rösseln", von der Dame ausgehend

Schauen wir uns den „Ring"/25 bis zu den „Sternen"/16 an - ich habe die betreffenden Karten verdeutlicht, um dort hinzugelangen - das nennt man „Rösseln"! Das lässt sich mit jeder beliebigen Karte machen.

Vom „Ring"/25 ausgehend in der Diagonalen links hoch zur Karte des „Hauses"/4, überspringen wir „vier" Karten zu den „Sternen", aber auch das ist machbar.

Die „Dame"/29 hat die „Sense"/10 auf dem Kopf liegend. Es bedeutet, dass sie sich gut im Hause des „Buches"/26 behaupten kann. In der Aussage bedeutet es, sie ist sehr geduldig/ruhig, doch wenn sie meint, sie müsste etwas dazu mitteilen, dann macht sie es auch.

Gleichzeitig suchen wir den Platz, das Unterhaus, dort wo die „Sense"/10 hingehört, und wir sehen, dort hat sich die „Lilie"/30 hingelegt. In diesem Falle kann man davon ausgehen, das keine körperliche Sexualität stattgefunden hat, der „Sarg"/8 und die „Lilie"/30, sondern nur verbal, der „Brief"/27, z. B. über SMS.

Hier im Bild können wir anhand des „Schiffes"/3 sehen (das im Rücken der „Dame"/29 liegt), dass es wieder einen Hinweis auf den Brief, die SMS gibt, denn das sagt das Unterhaus aus.

Wandern wir jetzt mit den Augen zu dem Unterhaus des „Schiffes"/3 (ganz zu Anfang des gesamten Kartenbildes), dort liegt das „Kleeblatt"/2 als dritte Karte im Unterhaus des „Schiffes"/3, und direkt schräg nach links kommen wir vom Kleeblatt eine Reihe tiefer auf den „Brief"/27. Auf die sogenannte SMS.

Auch haben wir schon wieder eine Verbindung daraufhin, dass eine gewisse Entfernung zwischen dem „Herrn"/28 und der „Dame"/29 liegen muss, das sagt die Karte das „Schiff"/3 – die Weite oder auch Entfernung - aus.

# Diagonales Fortschreiten im Kartenbild

Als nächstes schauen wir noch einmal die „Ruten"/11 an. Keinen Schreck bekommen, wir düsen jetzt mal schneller durchs Kartenbild in Form der Diagonalen-Kartenlesung. Von den „Ruten"/11 an nach rechts oben zum „Kleeblatt"/2. Anschließend vom „Kleeblatt"/2 diagonal nach rechts unten zu den „Eulen"/12 und von den „Eulen"/12 wieder diagonal nach rechts oben zu den „Fischen"/34. Ich habe die betreffenden Karten markiert.

Hier sehen wir die Fuchsstellung - so wie der „Fuchs"/14 hier liegt, besagt dieser, dass der „Herr"/28 auf eine Meldung bzw. Antwort wartet. Es kann ein „Brief"/27, aber auch eine SMS sein. Gleichzeitig besagt die Fuchsstellung, dass er sehr vorsichtig ist, was er schreiben wird. Wir sehen es hier im Bezug auf den „Fuchs"/14 und die „Ruten"/11. Es zeigt uns auch, dass er keine Handlungen, die „Ruten"/11, und schriftlichen Dinge vornimmt, da er sich davon wegdreht. Auch scheint der „Herr"/28 nur bedingt treu zu sein, da die Karte der „Hund"/18, von ihm aus, wenn Ihr von dem „Herrn"/28 diagonal nach rechts unten schaut, keine Diagonale anzeigt. Also nicht mit ihm in Zusammenhang zu bringen ist.

Hinweis:
Der „Fuchs"/14 kann auch eine andere Frau bedeuten! Ich greife mal vor… da der „Fuchs"/14 im Hause der „Blockade" (der „Berg"/21) liegt, also kein Kontakt besteht – es ist blockiert. Folglich hat er auch mit keiner anderen Frau etwas. Erkennen können wir das Thema sogleich im Bild… schauen wir auf den „Berg"/21 unter ihm, somit brauchen wir gar nicht lange zu suchen. Wie praktisch!

✳ ✳ ✳

So nun die vertikalen Ebenen:
Es ist das gleiche Bild wie schon zu Anfang, betreffend dem „Herrn"/28, jetzt als eine kleine Deutung zu sehen.

Linke Seite:
Wir sehen, der „Herr"/28 wendet sich von jeglichen Handlungen (die „Ruten"/11), Harmonie, Sexualität und familiären Dingen ab – alle drei Themen hängen mit der „Lilie"/30 in der Bedeutung zusammen. Diese Karten könnten für ihn auch Kummer und Sorgen mit sich bringen, der „Sarg"/8, er dreht sich weg davon. Aber, da es hinter ihm liegt, könnte es auch bedeuten, dass das Thema schon gewesen ist, denn es liegt für den „Herrn"/28 schon in der Vergangenheit. Beides ist möglich.

Mitte:
Der „Herr"/28 ist unverbindlich, der „Brief"/27, blockt ab, der „Berg"/21, macht sich nicht die Mühe, sich einmal darüber Gedanken zu machen. Was hinter ihm liegt, will er nicht wissen.

Rechte Seite:
Der „Herr"/28, hier noch einmal angeschaut in Bezug auf den „Turm"/19, der auch bedeutet, dass er „stopp" macht.
Der „Turm"/19 könnte auch Selbständigkeit bedeuten.
Der „Fuchs"/14 zeigt auf den „Herrn"/28. Er ist vorsichtig und will eventuell nicht erwischt werden…schauen wir uns später an, was der „Fuchs"/14 zu bedeuten hat. Betreffend der Fuchsstellung würden seine Gedanken jetzt laut sagen: „Na schauen wir mal, ob sie zuerst eine Nachricht schickt", die „Dame"/29, versteht sich. In dieser Warteposition fühlt er sich offensichtlich sicherer, der „Schlüssel"/33.

# Das Kombinieren von dem „Rösseln" mit den Unterhäusern

Wir haben uns nun den hier linken Block sowie den rechten Block mit den hier ersichtlichen Karten in fast allen Einzelheiten angeschaut und aufgedeckt. Doch zu einzelnen Karten sind wir noch nicht gekommen. Es betrifft auch die Karten des „mittleren Blocks".

**Zur Erinnerung:**
Der mittlere Block sagt die augenblickliche Situation aus.
Der linke Block sagt die familiäre Seite aus.
Der rechte Block beinhaltet die Arbeits-, Freunde-, und Bekannten- sowie die Gefühlsebene und geldliche Situation.

Die generelle Frage der Kartenlegung ist:
„Werden der Mann und die Frau zusammenkommen, wird es eine Partnerschaft werden?"

Sehen wir uns den „mittleren Block" an, dann stellen wir fest, dass es ein ziemliches Durcheinander ist. Man kommt zu keinem richtigen Ergebnis! Nur vom Hinsehen schon alleine.

Aus diesem Grunde müssen wir von irgendeiner Karte, die uns wichtig erscheint - im gesamten Kartenbild -, ausgehen bzw. anfangen.

Ich persönlich schaue mir den „Herrn"/28 hier als erstes an, da er die „Sterne"/16 in seiner Umgebung hat. Dann fällt mir der „Ring"/25 auf, und ich schaue auf die „Herz-Karte"/24. So, auch damit kommen wir nicht allzu weit, also müssen wir gezielt vorgehen.

Nehmen wir uns erst einmal die Diagonalen vor. Ich würde sagen, wir fangen bei der „Sternen-Karte"/16 an und gehen in einer Diagonalen von den „Sternen"/16 nach rechts unten und kommen somit auf den buchstäblichen „Hund"/18.

Beim „Hund"/18 angekommen, sagt mir das aus, der Herr möchte die ganze Verbindung mit der „Dame"/29 nur freundschaftlich.

Gehen wir jetzt vom „Hund"/18 in der Diagonalen nach rechts oben, kommen wir auf die „Schlange"/7.

Auf dem Wege bis zur „Schlange"/7 liegt das „Kreuz"/36 und die „Öffentlichkeit"/20.
Spirituell gesehen begegnet der „Herr"/28 öfters schicksalhaften Damen, das besagt das „Kreuz"/36. Es sagt nur aus, dass er von den Damen zu lernen hat. Es ist etwas Schicksalhaftes, also eine

Lernaufgabe/Herausforderung vom Leben, auch Karma genannt. Die „Öffentlichkeit"/20 bedeutet mehrere Menschen in Bezug auf das Thema hier, die Damenwelt. Wie wir noch erkennen können, die Damen scheinen ihm ein Rätsel zu sein. Das „Buch"/26 – ihr wisst noch, das „Buch"/26 bedeutet auch ein Fragezeichen, und obendrein sind sie offensichtlich von weiter her, das besagt das „Schiff"/3.

Ich nehme es einmal vorweg:
Mit ihrer Beziehung wird es wohl nichts. Hier sehen wir in der Diagonalen von den „Mäusen"/23 angefangen, in der Senkrechten nach unten zu dem „Baum"/5, es bedeutet, die Beständigkeit geht in den Verlust.

Ihr seht, auch die Mäuse „rösseln" auf die „Dame"/29, in der Diagonalen nach rechts unten wird der Verlust der „Dame"/29 angezeigt. Es geht von der „Dame"/29 aus.

Wir könnten jetzt noch genauer herausbekommen, was es mit dem sogenannten Karma, auch Schicksal genannt, auf sich hat, doch darüber mehr ab Seite 53. Es ist nämlich sehr interessant, so etwas herauszubekommen.

✻ ✻ ✻

**Betreffend der Seite 22 mit den Karten Berg/Turm/Kreuz**

Betreffend das Karma, es ist das „Kreuz"/36, will ich Euch noch kurz folgendes erklären:

Wir sehen uns mal die Karte die „Mäuse"/23 an, die in dem mittleren Kartenblock ganz oben liegt. Jetzt gehen wir mal in die Diagonale von den „Mäusen"/23 nach links ganz runter – ziehen in Gedanken einen langen Strich – somit kommen wir auf den „Berg"/21, das bedeutet, dass die „Mäuse"/23 den Berg wegnehmen.

*Hierzu muss ich noch anmerken*, dass, wenn die „Mäuse"/23 von sehr weit weg, wie z. B. jetzt den „Berg"/21 wegknabbern oder eine andere Karte, die in einer Diagonalen liegen würde, bedeutet es immer, es wird weggenommen. Wiederum schauen wir die „Mäuse"/23 in der Diagonalen nach links unten zu dem „Fuchs"/14 an. Die „Mäuse"/23 liegen hier nicht weit weg von einer Karte, - es muss immer eine Karte dazwischenliegen, also übersprungen werden - dann bringen sie etwas, nämlich in diesem Falle den „Fuchs"/14. Er ist also doppelt bestätigt. Zwar löst sich der „Berg"/21 auf, der unter dem „Herrn"/28 im Unterhaus der „Dame"/29 liegt, das bedeutet wiederum, dass er offener wird bezüglich der Damenwelt. Doch unter dem „Fuchs"/14 liegt das Unterhaus des „Berges"/21. Die Vorsicht bleibt also auf den „Herrn"/28 bezogen bestehen.

Nochmals auf die „Mäuse"/23 geschaut, gehen wir mal in die Senkrechte nach unten. Von den „Mäusen"/23 aus sehen wir das „Kreuz"/36 liegen. Da wir nur eine Karte überspringen müssen bis dorthin, wird in diesem Falle das „Kreuz"/36 weggenommen bzw. sie bringen die Wegnahme des „Kreuzes"/36. Jetzt werdet Ihr fragen warum? Ganz einfach, da die „Mäuse"/23 sowieso im Unterhaus des „Kreuzes"/36 liegen – und es somit ein Verlusthaus bedeutet – ist der Verlust doppelt bestätigt. Ich nenne es „weggeknabbert". Was für ein Glück haben die beiden, die „Dame"/29 und der „Herr"/28, dadurch ist ein Karma gelöst!!! Denn es liegt bei beiden so gut wie in der Mitte.

Hier sehen wir noch einmal, von den „Mäusen"/23 ausgegangen, in der Diagonalen nach ganz unten rechts wird die „Dame"/29 weggeknabbert. Daran kann man auch schon erkennen, dass aus dieser Beziehung nichts werden kann.

Absolute Trennungskarten sind aus meiner langjährigen Erfahrung:
„Sarg"/8, „Turm"/19, „Kreuz"/36 und „Ring"/25 – wenn diese Karten ziemlich nahe beieinander im Kartenbild liegen. Es kann auch vor einer Person direkt liegen, sodass sie darauf hinschaut. Hier im gemischten Kartenbild liegen sie fast nur ersichtlich dar, wenn man eine Karte überspringt.

In diesem Falle muss es keine Trennung bedeuten, es kann aber sein. Also die Beziehung schwächelt, kann man sagen. (Meine Klientin erzählte mir, es kam zu einer Trennung.)

Einen Fall absoluter Trennung der Beziehung, wie hier zum Beispiel, das habe ich persönlich leider schon öfter gehabt. Oftmals liegen noch ein paar Karten dazwischen oder auch nicht, je nachdem. Es kann auch anstatt des „Sarges"/8 die „Sense"/10 liegen, dann bedeutet es die plötzliche Trennung. Es hat nichts mit dem Ableben zu tun, möchte ich an dieser Stelle noch betonen, es geht hier wirklich um Scheidung.

## Wie finde ich die Personen heraus

Ihr habt Euch vielleicht auch schon einmal gefragt, wie finde ich zum Beispiel: *den Onkel, die Tante, die Geschwister, den Opa, die Oma* usw. im großen Kartenbild?

Dafür werde ich Euch mein Geheimnis verraten. Ich glaube, ich bin die einzige Kartenleserin, die so eine Methode anwendet, meine ich jedenfalls.

Also, wie Ihr wisst, es gibt Feuerzeichen, Erdzeichen, Wasserzeichen und Luftzeichen, und nach denen schaue ich im Kartenbild. Deshalb frage ich jeden Klienten nach seinem Sternzeichen, dann habe ich immer die richtige Person, und die Verwandten findet man auch an Hand von deren Sternzeichen.

Doch es gibt gewisse geschlechtliche Unterschiede der Karten für die männlichen und die weiblichen Sternzeichen, so wie es männliche Kartenbilder und weibliche Kartenbilder gibt, wie Ihr bereits wisst.

# Die männlichen Sternzeichen-Karten

**Feuerzeichen:**

Widder, Löwe, Schütze
Alle drei Zeichen sagen die „Fische"/34 aus.

**Erdzeichen:**

Steinbock, Stier, Jungfrau
Alle drei Zeichen sagen die „Wolken"/6 aus.

**Wasserzeichen:**

Fische, Krebs (bis 39 Jahre), Skorpion
Alle drei Zeichen sagt der „Herr"/28 aus.

*Ausnahme: Krebs ab 40. Lebensjahr sagt das „Haus"/4 aus.*

**Luftzeichen:**

Zwilling, Waage, Wassermann
Alle drei Zeichen sagt die „Lilie"/30 aus.

# Die weiblichen Sternzeichen-Karten

**Feuerzeichen:**

Widder, Löwe, Schütze
Alle drei Zeichen sagen die „Wege"/22 aus.

**Erdzeichen:**

Steinbock, Stier, Jungfrau
Alle drei Zeichen sagt die „Schlange"/7 aus.

**Wasserzeichen:**

Fische, Krebs, Skorpion
Alle drei Zeichen sagen die „Störche"/17 aus.

**Luftzeichen:**

Zwillinge, Waage, Wassermann
Alle drei Zeichen sagt die „Dame"/29 aus.

# Arbeiten mit den Sternzeichen

Hier in unserem Partnerschaftsbild ist die männliche Person ein Zwilling und die weibliche eine Wassermannfrau.
Wie Ihr seht, ist die männliche Karte Zwilling, die „Lilie"/30, und die weibliche Karte ist zufälligerweise die weibliche Hauptpersonenkarte, die generell ansonsten genommen werden würde.

Die „Lilie"/30 liegt auf dem Unterhaus, der „Sense"/10. Wie interessant, hier haben wir wieder einen Hinweis auf die „Dame"/29, denn dort hat sich die Karte die „Sense/10 hingelegt. Hier sehen wir wiederum, wenn wir in die Diagonale von der „Lilie"/30 nach rechts herunterschauen, die männliche Hauptperson, die sich von den „Ruten"/11 wegdreht, also sich nicht so äußern möchte. Auch die Karte die „Lilie"/30 hat die Karte die „Ruten"/10 unter sich liegen, also, er tritt die Gespräche mit

49

Füßen, wie gehabt, auch was Familien-Thematik, Harmonie und Sexualität (die „Lilie"/30) betrifft. Ist es nicht verblüffend, wie es hinkommt, wenn man auf die Sternzeichen schaut? Mit dem Unterschied, dass man wirklich auf die richtige Person schaut und mit den Sternzeichen eine korrekte Aussage treffen kann.

Alle anderen Aussagen betreffend die „Dame"/29 bleiben somit auch bestehen.

Ach, noch ein Hinweis: Liegt der Ring in der Zukunft, also vor einer Person, egal ob männlich oder weiblich, ist die Person ungebunden. Das ist ganz wichtig!

Die Klientin hat mir auch gesagt, dass sie verwitwet ist. Zu diesem Thema gibt es auch einen Hinweis, nämlich zwei Karten, unter der „Lilie"/30 liegt der „Sarg"/8. Das Unterhaus des „Sarges"/8 ist die männliche Hauptperson. Ihr seht auch, unter der „Lilie"/30 liegen die „Ruten"/11. Die „Ruten"/11 ist eine Duplikationskarte. Es gab also irgendwo und irgendwann noch einen anderen Herrn. Dieses Thema können wir erkennen – weitläufig – durch die Karte der „Sarg"/8 und die Karte die „Fische"/34. Der Herzschmerz, das „Herz"/24 im Hause des „Sarges"/8, an den die „Dame"/29 öfters noch denkt. Da die Karten über ihrem Kopfe liegen.

Ihr merkt schon, dass man ohne Ende viele, viele Themen in einem Kartenbild anschauen kann. Mein Buch würde unendlich werden, es alles haarklein zu durchleuchten, würde man noch die ganze Familien-Thematik von dem Herrn (die „Lilie"/30) sowie von der „Dame"/29 (Wassermann) im Einzelnen sich hier anschauen wollen. Man könnte es aber, nur es würde uns hier total ablenken von dem erfragten Thema.

Zum Erlernen nehmen wir uns hier als Beispiel nur die Mutter des Herrn vor:

Also, ich würde jetzt seine Mutter als den „Bär"/15 nehmen. Grundsätzlich arbeite ich nicht mit den Kombinationen im Kartenbild, doch die Mutter ist meistens der „Bär"/15 und die „Schlange"/7.
Den Hinweis haben wir nämlich in der Senkrechten von der Karte der „Bär"/15 nach oben, dort liegt die „Schlange"/7.
Wie das wieder hinkommt, ist doch der Wahnsinn, oder?

Jetzt schauen wir wieder auf den „Bären"/15 (die Mutter von ihm) und schauen auf die nächsten Karten nach rechts, was sehen wir da? Weitere Frauen-Karten, nämlich die „Dame"/29 und die „Störche"/17. Ich wollte nur damit sagen, dass der Herr, die Karte „Lilie"/30 vom Sternzeichen Zwilling, ein Mutter-Thema hat. Es bedeutet nur, dass er alle Frauen mit seiner Mutter vergleicht, in irgendeiner Form, ob positiv oder negativ. In diesem Falle wohl negativ.
Jetzt folgen wir noch einmal ganz langsam dem „Sarg"/8, ganz unten links, die letzte Karte im Kartenbild, und schauen uns somit das Unterhaus des „Sarges"/8 an, da liegt das „Herz"/24. Wer liegt links daneben, die „Schlange"/7. Zwei Karten unter der „Schlange"/7 liegt der „Anker"/35.

Aussage:
Der Herr, die „Lilie"30 – Sternzeichen Zwilling – will sich von der Mutter, die „Schlange"/7 und der „Bär"/15, im Grunde mit Gewalt lösen, die „Sense"/10, und dort liegt auch die „Dame"/29 (Sternzeichen Wassermann). Die „Schlange"/7 liegt in ihrem eigenen Unterhaus, das Thema Mutter ist doppelt bestätigt. Die Mutter hat Sorge (der „Sarg"/8, das Unterhaus vom „Herz"/24), die Zuneigung und die Gefühle („Fische"/34 – auch Geld-Karte) des Sohnes zu verlieren.

Daran können wir wieder erkennen – oft erst um einige Ecken herum -, dass der Herr vom Sternzeichen Zwilling (die „Lilie"/30) sich gar nicht binden will, er will von dem Thema Frau jedenfalls im Augenblick nichts wissen.

※ ※ ※

Ich arbeite nur noch mit den Sternzeichen, denn durch das „Gewirre" der Personenanzahlen, die im Kartenbild vorhanden sind, die obendrein auch viele andere Bedeutungen aufweisen, ist man doch oft, jedenfalls ich, unsicher, ob man gerade die richtige Person im Visier hat, um die es sich gerade handelt.

Der Fall könnte auftreten, wenn es zum Beispiel um die Tochter im Alter von 10 bis 15 Jahren geht, oder auch viel älter.

Man müsste obendrein den Klienten viel zu viel über die betreffende Person fragen.

Mein Tipp:
Doch sollte ich durch die Erfragung der Sternzeichen nicht zur Aussage kommen, was durchaus möglich wäre, kombiniere ich es mit evtl. dem Hausplatz der jeweiligen Hauptperson, ob weiblich oder männlich gefragt wird. Sollte dann immer noch keine Aussage kommen, dann schaue ich mir die im Kartenbild liegenden Hauptpersonen an, und Ihr könnt sicher sein, Ihr werdet ein Ergebnis erhalten.

# Familienmitglieder anhand der Sternzeichen erkennen

Wie versprochen kommt jetzt ein karmisches Lenormand-Kartenbild, wobei ich mir ganz gezielt jede einzelne Person mit deren Sternzeichen vornehme. Es wird sehr interessant, das kann ich Euch versprechen!

Wir haben hier ein Familienbild, das meine Klientin und ihre Familie darstellt. Die dazugehörige Frage lautete:
**Wie schaut es bei mir und meiner Familie allgemein aus?**

Die ersten drei Karten sind die Themen-Karten, diese spiegeln das Thema des Kartenbildes, worum es hier in dieser Familie eigentlich geht.

Aussage:
Viele (der „Park"/20) kontinuierliche (der „Ring"/25) Neuanfänge (das „Kind"/13) sehen wir hier. Nun schauen wir mal, was da genau gemeint ist.

Aber schauen wir zuerst einmal auf meine Klientin. Von ihr weiß ich, dass sie eine Wassermannfrau ist. Also die Hauptperson, die „Dame"/29, dies besagt das Sternzeichen (Zwilling, Waage, Wassermann). Auch weiß ich von ihr, dass sie einen Verlust erlitten hat. Sie hat ihren Ehemann verloren. Er ist verstorben. Auch dieses Thema können wir sofort erkennen, durch die männliche Hauptperson (der „Herr"/28) und dem „Sarg"/8.

Anmerkung;
Der „Sarg"/8 ist generell nicht der Tod, doch wenn ein Verlustthema besteht, dann wird es entweder durch den „Sarg"/8 (der auch Trauer, Sorgen und Ängste aussagt) oder durch das „Kreuz"/36 (nach meiner langjährigen Erfahrung) angezeigt.

**Nun fangen wir mal mit der Deutung an:**

Jetzt springe ich einmal durchs Kartenbild, indem ich sofort auf die Familienkarte die „Lilie"/30 schaue.

Da sehen wir in der Senkrechten:

Auf den ersten Blick ist es schon eine glückliche Familie, keine Frage. Doch wenn wir auf den „Baum"/5 schauen, dann macht mich die Karte darüber, die „Schlange"/7, etwas stutzig, also schauen wir genauer hin.

**Aussage:**

Ab und zu (die „Schlange"/7) ist das Glück („Kleeblatt"/2) in der Familie (die „Lilie"/30) beständig (der „Baum"/5).

Der „Baum"/5 sagt nur mit positiven Karten ständig Gutes aus. Doch besagt die „Schlange"/7 leider nur gelegentlich oder auch nur ab und zu aus. Denn wenn man die „Schlange"/7 auseinander ziehen würde, wird sie immer länger.

Also, wie es ja so oft in Familien ist, gibt es auch schon einmal Frust. Ängste, Ärger und Unruhe sagt der „Sarg"/8 auch aus. Dieser liegt direkt neben der Karte der „Baum"/5 und diagonal über der Karte die „Lilie"/30, die unter dem „Baum"/5 liegt. Also auch in dieser Familie sind einige Querelen nicht unbekannt.

Um gleich in der Reihe vom „Sarg"/8 zu bleiben, sehen wir unter dem „Sarg"/8 die Hauptperson der „Herr"/28 liegen. Mit dem „Sarg"/8 zeigt es den Verlust von der Hauptperson der „Dame"/29 an, da obendrein die Hauptperson, der „Herr"/28, im Unterhaus der „Mäuse"/23 liegt, also im Verlusthaus. Wie das wieder hinkommt, phantastisch.

Vom „Sarg"/8 in der Diagonalen nach links oben zur Hauptperson der „Dame"/29 kommend, sehen wir, dass sie ihren Kummer, der „Sarg"/8, ganz gut überwunden hat, da der „Sarg"/8 schon in der Diagonalen nach rechts unten von ihr liegt. Würde der „Sarg"/8 genau unter ihr liegen, würde die „Dame"/29 (Wassermannfrau) die Trauer (der „Sarg"/8) nur verdrängen. Er liegt somit aber schon in der Vergangenheit hinter ihr.

Noch zu ihrer Ehe kurz erwähnt, weiß ich, dass sie über 30 Jahre verheiratet waren, bis ihr Mann in die geistige Welt überging. Wir können es auch daran erkennen, wenn wir uns den „Baum"/5 anschauen und in der Diagonalen nach rechts oben die „Störche"/17 betrachten, sagen diese zwei Karten schon mindestens zwei Jahre aus. Doch sehen wir uns die Karte die „Blumen"/9 unter der Karte die „Störche"/17 an, besagt es wirklich noch viele, viele Jahre dazu aus. Die Karte die „Blumen"/9 sagt nämlich eine Vermehrung der Jahre aus. Man kann natürlich nicht einfach so erkennen wie viele Jahre genau. Alleine sagt in diesem Falle im Grunde schon der „Baum"/5 das „Lange" an Jahren aus.

Wenn wir schon bei dem Thema eheliche Verbindung, der „Ring"/25, sind, dann schauen wir doch gleich mal wo dieser liegt. Der „Ring"/25 liegt als zweite Karte am linken oberen Rand des gesamten Kartenbildes im Unterhaus des „Kleeblattes"/2.

Wenn wir die erste Karte im Kartenbild anschauen, liegt dort der „Park"/20, die Öffentlichkeit. Interessant ist, dass in diesem Falle der „Park"/20 und der „Ring"/25 zusammenliegend, als Kombination – was meine langjährige Erfahrung betrifft – Hochzeit und Heirat bedeuten.

Hier können wir auch sehen, dass es eine Liebesheirat war, wenn wir uns den „Park"/20 und darunter die Karte das „Herz"/24 anschauen.

Im Übrigen weiß ich, dass der Mann von der „Dame"/29 vom Sternzeichen ein Krebs war, und interessant ist, dass zwei Karten unter der „Herz-Karte"/24 die Karte das „Haus"/4, das Sternzeichen Krebs (über 40 Jahre alt) ist.

Über dem „Haus"/4 hat sich die Karte der „Turm"/19 hingelegt. Der „Turm"/19 sagt auch den Rückzug und/oder die Selbständigkeit bzw. etwas Leitendes aus.

Ich weiß von der „Dame"/29, die vom Sternzeichen ein Wassermann ist, dass ihr Mann (der Krebs vom Sternzeichen ist), eine Schule geleitet hat. Hier können wir es ganz deutlich sehen:

„In leitender Position und dies von ganzem Herzen."
Im Lenormand-Kartenbild gibt es zwei Altersstufen für das Sternzeichen Krebs:
Die Karte der „Herr"/28 für die Altersstufe 18 bis 39 Jahre und ab dem 40. Lebensjahr die Karte das „Haus"/4.

Interessant ist – wie Ihr bestimmt schon bemerkt habt –, dass die Karte das „Haus"/4 im Unterhaus von der Karte des „Herrn"/28 liegt. Wie das wieder hinkommt, faszinierend.

Schauen wir von der Karte das „Haus"/4 in der Diagonalen nach rechts oben zur „Dame"/29.
Die nächste Karte ist der „Brief"/27 im Unterhaus des „Parks"/20, und die darauffolgende Karte ist der „Bär"/15.

So bleiben wir bei der Karte des „Bären"/15. In diesem Zusammenhang bedeutet der „Bär"/15 zur „Dame"/29 hin der gewesene Ehemann, der kontinuierlich (der „Ring"/25) und mit Liebe (das „Herz"/24) die Schule (der „Park"/20) geführt hat.

**Anmerkung:**
Ihr werdet jetzt sagen, hoppla, wieso liegt das ganze Thema in der Zukunft der „Dame"/29? Da ihr Mann doch nicht mehr lebt? Da habt Ihr vollkommen recht. Doch im Kartenbild kann man auch das Gewesene noch erkennen, wenn man sich die Sternzeichen anschaut, da staunt Ihr, was?! Als wäre das Thema noch Wirklichkeit, doch es war ja auch Wirklichkeit, aus diesem Grunde kann man es noch sehen. Zwar ist das nicht immer so, doch in diesem Falle ganz deutlich erkennbar. Außerdem liegt es unter der „Dame"/29 (Wassermann), das bedeutet, dass es gewesen ist und sie jetzt in den Neuanfang, das „Kind"/13, schaut.

Euch ist ja mit Sicherheit schon aufgefallen, das ich die dritte Karte von links oben, das „Kind"/13, kaum mit einbezogen habe. Das ist eine Karte (das „Kind"/13), die zur Zukunft der „Dame"/29 gehört.

Meine Klientin, die „Dame"/29, hat noch mehrere Familienmitglieder. Sie ist auch schon dreifache Oma.

Fangen wir mal an:
Nun gehen wir etwas schneller durchs Kartenbild, da wir überwiegend auf die Sternzeichen der einzelnen Personen schauen werden.
Sie hat zwei erwachsene Kinder:
Einen Sohn vom Sternzeichen Widder, dieser ist die Karte die „Fische"/34. Die „Fische"/34 beinhalten die Sternzeichen Widder, Löwe und Schütze. Der Sohn liegt im 12er Block der rechten Seite.
Ihre Tochter ist vom Sternzeichen Krebs. Wir können sie durch die Karte die „Störche"/17 erkennen. Diese Karte beinhaltet die Sternzeichen Krebs, Fische und Skorpion. Die Karte „Störche"/17 liegt auch im rechten 12er Block als erste Karte ganz oben.

Jetzt kommen wir wieder zu dem Sohn, der Widder vom Sternzeichen ist. Er ist ein sehr aktiver Mensch, das können wir an der Karte der „Reiter"/1 ersehen. Obendrein benötigt er eigentlich ein Stück Freiheit, das „Schiff"/3 - die zweite Karte über ihm liegend im Unterhaus des „Sarges"/8. Diese besagte „Freiheit", die er jetzt offensichtlich nicht mehr in diesem Sinne hat. Erklärlich, er hat nämlich vor fünf Jahren eine Familie gegründet, und ein Mädchen kam auf die Welt. Diese ist zu sehen als die „Blume"/9 in der Diagonalen, eine Karte nach links über ihm liegend.

Sie ist seine Prinzessin, denn sie liegt im Unterhaus der „Sterne"/16. In der Diagonalen, eine über dem Widder-Sohn (die „Fische"/34) liegend nach rechts, sehen wir sein Karma, das „Kreuz"/36, liegen. Sein Karma hat mit Treue und Vertrauen zu tun. Wie wir hier sehen können, denn das „Kreuz"/36 liegt in dem Unterhaus des „Hundes"/18.
Oben über der Karte des „Kreuzes"/36, wie wir sehen können, liegt der „Hund"/18, also doppelt bestätigt.

Interessant ist wieder, dass die „Blume"/9 seine Tochter ausweist. Schauen wir nun mal auf die Gegenkarte, die Spiegel-Karte.

### *Zur Erinnerung:*
*Eine Spiegel-Karte nennt man in dem Sinne so, wenn man in der Vorstellung im Kopf den gesamten linken 12er Block auf den gesamten rechten 12er Block legen würde.*
*Alle Karten, die jetzt aufeinanderliegen (gegenseitig) sind „gespiegelt", bzw. gehören zusammen, haben also ein Thema miteinander. Das ist sehr interessant, wenn man ein gewisses Thema ganz genau beleuchten möchte, natürlich auch mit den dazugehörigen Unterhäusern.*

Dort im ersten 12er Block, im Unterhaus der „Eulen"/12, hat sich der „Bär"/15 hingelegt. Die „Blumen"/9 und der „Bär"/15 haben einen Zusammenhang (Spiegel-Karte).
Daran können wir wieder erkennen, dass seine Tochter (die „Blumen"/9) auf die Welt (die „Sterne"16 – Universum) gekommen ist, um ihm (die „Fische"/34) zu zeigen, dass er jetzt ihr (dem „Kind"/13) Beschützer (der „Bär"/15) sein soll. Das „Kind"/13 liegt über der Karte der „Bär/15.

Er will, so wie sein Vater, der Krebs vom Sternzeichen war (das „Haus"/4, der ältere Jahrgang, ab 40. Lebensjahr), auch ein guter Vater sein.

Was der Sohn (Widder-Sternzeichen = die „Fische"/34) verdrängt, da die Karte links unter ihm liegt, sind die „Eulen"/12 – Nervosität/Unruhe/Gerede - im Unterhaus der „Fische"/34. Es ist auch die Geldkarte. Seine Nervosität (die „Eulen"/12) betrifft auch den beruflichen Bereich (der „Anker"/35). Er scheint mit seinem Lohn (Unterhaus die „Fische"/34) nicht zufrieden zu sein.

Man kann erkennen, dass er sich nicht so frei fühlt (das „Schiff"/3 im Unterhaus des „Sarges"/8, der auch Kummer und Sorgen aussagt). Es geht ihm zu langsam vorwärts. Auch in finanziellen (die „Fische"/34) Angelegenheiten, was den beruflichen (der „Anker"/35) Bereich betrifft.

Nun weiß ich, dass zwei Jahre später seine Zwillinge (die „Lilie"/30), seine Jungs auf die Welt gekommen sind. Interessant, dass diese Karte vom Sternzeichen die Zwillinge aussagt und obendrein auch eine männliche Karte ist. Wir können durch das darunter liegende „Kleeblatt"/2 (eine Duplikations-Karte und obendrein auch eine männliche Karte) erkennen, dass es zwei Menschen sind. Es passt wieder.

Ich habe mit den Jahren meines Kartenlegens herausgefunden, dass die „Lilie"/30 und eine Duplikations-Karte - sei es das „Kleeblatt"/2, die „Ruten"/11, die „Störche"/17 oder auch die „Eulen"/12 - in der unmittelbaren Nähe liegend, gerade wenn es Kinder betrifft, meistens ein Hinweis auf Zwillinge ist.
Es kommt also wieder genau hin.

Seine Frau ist eine Stierfrau, sie ist die Karte die „Schlange"/7 – eine erdige Karte. Keine Sorge, sie ist eine gute Frau.
Nicht wie man oft von der Schlange sagt, „um Gottes Willen, eine Schlange".
Hinter ihr liegt zwar der „Fuchs"/14 im Unterhaus des „Baumes"/5. Doch wenn wir genau hinschauen, bedeutet es nur, dass sie nicht nur zuhause (das „Haus"/4) sein, sondern auch arbeiten möchte. Wenn wir uns den „Baum"/5 unter ihr anschauen, bedeutet es, dass sie keine „Mutter Theresa" (der „Bär"/15 im Unterhaus) sein möchte und auch nicht nur für die Kinder und Familie (die „Lilie"30/) ihr Dasein fristen möchte. Zwar auch, aber auch für ihre Freunde (der „Hund"/18). Da schauen wir wieder auf das „Kreuz"/36 und die „Wolken"/6, die aussagen: Ich möchte ganz klar (die „Wolken"/6) auch für meine Freunde und Bekannten (der „Hund"/18) Zeit haben. Es ist sogar ihr Karma, das „Kreuz"/36.
Es ist auch zu sehen, dass die Familie (die „Lilie"/30) ein wenig zu kurz kommt, was dem Ehepaar (die „Fische/34" und die „Schlange"/7) ein wenig Kummer bereitet (der „Sarg"/8 und der „Baum"/5).

Ich beschreibe die „Schlange"/7 nicht ganz so ausführlich, da die Aussage sehr ähnlich wie bei ihrem Mann, dem Widder (die „Fische"/34) ist. Denn die Beiden liegen sehr nah beieinander mit den gleichen umliegenden Karten, sie haben also die gleiche Thematik.

# Bedeutung der einzelnen Lenormand-Karten

### Der „Reiter"/1

Als Personenkarte ein junger Mann von der Pubertät bis 36 Jahre jung. Diese Karte ist alleine immer positiv.
Die Karte bedeutet freudige Nachrichten und ist auch ein Übermittler von Personen oder Ereignissen. Auch steht die Karte für schnelle Kontakte und Gespräche sowie Aktionen. Es bewegt sich etwas. Die umliegenden Karten zeigen die Wichtigkeit der jeweiligen Situation an. Blickrichtung links.

Zeitlich: Es kommt mit Sicherheit etwas in Aktion.

Charaktereigenschaften: Sportlich, aktiv, Aktivitäten, flink, flexibel, Beweglichkeit.

Körperlich: Sportlich, aktiv, jung oder jung gebliebene Person, Fußknöchel bis zum Knie.

………………………………..

### Der „Klee"/2

Kleine Freude, kleines, junges oder kurzes Glück. Auch für in Kürze gutes Gelingen, je nach der jeweils nachfolgenden Karte.

Zeitangabe: 3-4 Tage.

Charaktereigenschaften: Positiv und glücklich ist diese Person.

………………………………

**Das „Schiff"/3**

Keine Personenkarte.
Steht für Reisen, Luft, auch für Autobus und Mobile größerer Art. Schiffsreisen, auch Wasser und Ausland.

Charaktereigenschaften: Das Weite lieben, den Menschen darf man nicht einengen. Der Mensch ist nicht so schnell, eher langsam. Sehnsuchtsvoll.

Körperlich: Leber und Blase.

Aussage: Auf sich zukommen lassen.

…………………………….

**Das Haus/4**

Als Personenkarte männlich.
Das Haus, ein gemütliches Eigenheim. Beständigkeit, Geborgenheit und Stabilität. Blickrichtung links.

Charaktereigenschaften: Standhaft, häuslich, bodenständig, Werte haben, Sicherheit. Liebt die Gemütlichkeit. Stabil im Charakter.

Körperlich: Der ganze Körper.

…………………………..

## Der „Baum"/5

Keine Personenkarte.
Man steht wie ein Baum im Leben, positiv. Stabilität. Er steht auch für die Themen Gesundheit und Krankheit, obwohl ich persönlich Krankheitsthemen nicht erkenne.
In der Liebe, wenn positive Karten drum herum liegen, bedeutet es Stabilität sowie gutes Gelingen. Auch Verwurzelung.
Negativ: Langeweile, Stillstand, längerer Zeitraum.
Die nebenstehende Karte in die Zukunft sagt die Zeitbestimmung aus, negativ wie auch positiv.

<u>Charaktereigenschaften:</u> Naturverbunden, nicht so schnell, geduldig.

……………………….

## Die „Wolken"/6

Als Personenkarte männlich.
Vernebelung, Unklarheit, doch diese ziehen meistens schnell vorbei. Auch Zwiespältigkeit. Man ist hin- und hergerissen wie man sich entscheiden soll. Blickrichtung rechts.
Dunst, Dampf, Nebel.

<u>Charaktereigenschaften:</u> Zweifler, evtl. Raucher.

……………………….

## Die „Schlange"/7

Als Personenkarte weiblich.
Meistens im Alter von 35 Jahren aufwärts.
Eine Situation zieht sich in die Länge. Blickrichtung rechts.
Auch Autobahn, Kurven, Umleitung.

Charaktereigenschaften: Je nach der Fuchsstellung sollte man vor ihr vorsichtig sein sowie mit den Karten, die drum herum liegen. Genau anschauen. Sie kann auch eine ganz Liebe sein.

Körperlich: Darm, Nabelschnur, Seil, Schnur.

Tierart: Reptilien, Schlange.

………………………………

## Der „Sarg"/8

Keine Personenkarte.
Sorgen, Nervosität, Unruhe.

Zeitlich: Geht normalerweise schnell vorbei.
Hat nichts mit dem buchstäblichen Ableben zu tun.

Charaktereigenschaften: Macht sich zu viele Sorgen.

……………………………

**Die „Blumen"/9**

Personenkarte weiblich.
Von der Pubertät bis zum 36. Lebensjahr.
Blumen, Vermehrung aller Dinge mit einer anderen Karte zusammen. Schönheit, Engelkarte, Geschenke.
Frische, auch eine positive Überraschung, Kreativität.
Blickrichtung links.

Charaktereigenschaften: Freundlich, gute Gesinnung, Höflichkeit. Gepflegter Mensch.

Zeitkarte: Frühling.

…………………………….

**Die „Sense"/10**

Keine Personenkarte.
Schnelligkeit, eilig, mäht alles ab,
auch es passiert jetzt, plötzlich. Ernte, Neuanfang. Vorsicht vor Unfallgefahr. Abtrennung. Blickrichtung rechts.

Charaktereigenschaften: Schnell, grob, aggressiv, laut, durchsetzungsstark, auch hektisch.

Zeitlich: Gleich, sofort.

Körperlich: Sehnen.

…………………………….

**Die „Ruten"/11**

Kann auch eine Personenkarte sein,
männlich, junger Mann.
Es ist eine Duplikations-Karte. Kommunikation,
auch Streitgespräche je nach der nachfolgenden Karte.
Auch Züchtigung. Blickrichtung links.

Charaktereigenschaften: Kommunikativer Mensch.
Im Negativen auch Streit. Er belehrt gerne Menschen.

Körperlich: Muskulatur, Zunge.

……………………………..

**Die „Eulen"/12**

Keine Personenkarte.
Es ist eine Duplikations-Karte. Neben einer Karte liegend
muss die davor liegende Karte mal zwei gesehen werden.
Auch Gerede. Tränen, Sorgen, Hektik, Nervosität, Aufregung,
Nerven.

Charaktereigenschaften: Nervös, unruhig, fahrig.

Körperlich: Die Ohren.

…………………………

## Das „Kind"/13

Neubeginn einer Sache.
Das Baby. Unerfahrenheit.

<u>Charaktereigenschaften:</u> Kindliches Benehmen. Einfältig aber süss.

……………………………

## Der „Fuchs"/14

Kann auch eine Personenkarte sein, je nachdem, wo diese Karte liegt.
Zum Beispiel: liegt diese Karte vor einer Person, kann es auch noch eine Person sein, doch meistens eine Frau. Je nach der Fuchsstellung zur jeweiligen Karte sagt er die Falschheit, Tratsch und Klatsch aus. Blickrichtung links.

<u>Charaktereigenschaften:</u> Intelligenz, Neid, Scham, Unsicherheit.

<u>Körperlich:</u> Hals, Nase und Ohren.

……………………………

**Der „Bär"/15**

Ist auch eine Personenkarte.
Ihm kann man vertrauen. Auch ein Beamter. Liegt diese Karte bei einer Dame, ist es die Mutter, Schwiegermutter, evtl. Oma. Blickrichtung links.

Charaktereigenschaften: Hilfsbereit, mütterlich, Mutter Theresa. Brummelt ein wenig, aber gutmütig.

Körperlich: Mindestens 1,86 m groß, stark. Auch die Haare.

…………………………………

**Die „Sterne"/16**

Keine Personenkarte.
Es ist die positivste Karte im Kartenbild und die spirituellste Karte, die es gibt.
Sagt auch die Astrologie aus.

Charaktereigenschaften: Neben einer Person sagt sie Klarheit und Hellsichtigkeit aus.

Körperlich: Die Haut.

…………………………………

### Die „Störche"/17

Ist eine Personenkarte.
Veränderung in jeglicher Form.
Im Allgemeinen positiv. Sagt auch Flugreise, Umzug und Veränderungen im Haus aus. Neben einer Karte liegend ist es eine Duplikations-Karte. Blickrichtung links.

Charaktereigenschaften: Evtl. etwas flatterhaft,
steht für Veränderungen, sehr aufgeschlossen.

Körperlich: Beine.

……………………………………

### Der „Hund"/18

Kann eine Person neben
einer Personenkarte aussagen.
Ansonsten der gute Freund, Vertrauter, vertrauen, der beste Freund, Freundschaft, Vertrautheit.

Charaktereigenschaften: Man kann der Person vertrauen, oder auch zu vertrauensselig.

Körperlich: Die Stimme.

……………………………………

**Der „Turm"/19**

Ist auch eine Personenkarte.
Steht auch für Trennung, Sturheit, Stopp, Grenze, Mauer.
Rückzug und Isolation. Auch für Ämter, Gericht, den Chef und Selbständigkeit.

Charaktereigenschaften: Prioritäten setzen. Könnte auch stur sein. Auch Egoismus. Verschlossenheit, Einzelgänger.

Körperlich: Wirbelsäule, Finger.

..........................................

**Die „Öffentlichkeit"/20, auch der „Park"/20**

Viele Personen zusammen.
Sagt viele Menschen aus. Auch Veranstaltungen, großes Haus, großer Saal. Die Masse. Restaurant, Hotel.

Charaktereigenschaften: Gesellig, kontaktfreudig.

..........................................

**Der „Berg"/21**

Keine Person im Allgemeinen,
nur mit einer Personenkarte.
Kleiner Berg, Hügel, überwindbar, Gestein.

Charaktereigenschaften: Engstirnig, egoistisch, Denker.

Körperlich: Knochen, Schädel, Verkalkung.

**Die „Wege"/22**

Ist eine weibliche Personenkarte.
Die Entscheidungs-Karte. Blickrichtung links.
Alternativen suchen. Ausweichmöglichkeiten, Kreuzung.

Zeitlich: Weniger als 7 Wochen.

Charaktereigenschaften: Endscheidungsfreudig oder entscheidungsschwach, beides ist möglich, je nachdem wie die Karte im Kartenbild liegt.

Körperlich: Arterie, Venen.

……………………………

**Die „Mäuse"/23**

Keine Personenkarte. Blickrichtung links.
Zweifel und Verlust ist angesagt, je nach Kartenstellung.

Charaktereigenschaften: Grübelnder Mensch.

…………………………..

**Das „Herz"/24**

Kann auch eine Personenkarte sein, männlich, ganz jung bis zur Pubertät. Blickrichtung links. Die Liebe, die Herzlichkeit, die Gefühle.

Charaktereigenschaften: Liebevoll, herzlich, gefühlvoll, uneigennützig.

Körperlich: Das Herz, das Blut.

……………………………….

**Der „Ring"/25**

Keine Personenkarte.
Der Ring generell, Schmuck,
Verbindlichkeit, immer wiederkehrend, kontinuierlich.
Auch Ehe. Zusammenschluss.

Charaktereigenschaften: Verbindlich, treu.

Körperlich: Blutkreislauf.

……………………………….

**Das „Buch"/26**

Keine Personenkarte.
Das Buch, Geheimnis, Stille,
amtlich, Notarschreiben, Testament.

Charaktereigenschaften: Ruhig, still, kann schweigen, kann Geheimnisse für sich behalten. Geheimnisvoll.

**Der „Brief"/27**

Keine Personenkarte.
Der Brief, SMS, Nachricht, Schnelligkeit.

Charaktereigenschaften: Oberflächlichkeit, unverbindlich, schnell, schnelllebig.

………………………………..

**Der „Herr"/28**

Die männliche Hauptpersonen-Karte.
Starker Wille, sich behaupten können. Blickrichtung rechts.

Charaktereigenschaften: Stark, je nach dem, was für eine Karte drum herum liegt, auch anders.

……………………………….

**Die „Dame"/29**

Die weibliche Hauptpersonen-Karte.
Blickrichtung links.

Charaktereigenschaften: Eine Dame von Welt, charmant, steht im Leben. Eine Dame, mit der der Mann sich gerne zeigt.

………………………………..

**Die „Lilie"/30**

Personenkarte, männlich. Blickrichtung links.
Familie, Sexualität, Charmeur, Harmonie,
Kühle, Distanz, der Winter.

Charaktereigenschaften: Familiär, charmant, aber auch Kühle, distanziert.

Körperlich: Hormone.

……………………………..

**Die „Sonne"/31**

Keine Personenkarte.
Die Sonne, Licht, das Leben, Erfolg.
Sonnenaufgang. Gold und Wärme (mit Person zusammen).

Charaktereigenschaften: Freundlich, sonniges Gemüt, das Lachen.

Zeit: Ab Juni/Juli/August, auch vormittags bis mittags.

Körperlich: Augen.

…………………………….

**Der „Mond"/32**

Der Mond, die Seele, Erfolg, das Gefühl.

Charaktereigenschaften: Gefühlvoll, intuitiv, medial.

Zeitlich: Spätnachmittag bis abends.

……………………………

**Der „Schlüssel"/33**

Keine Personenkarte.
Der Schlüssel, Sicherheit, Schloss.
Er kommt mit Sicherheit.

Charaktereigenschaften: Auf Sicherheit bedachter Mensch.

……………………………

**Die „Fische"/34**

Eine männliche Personenkarte.
Blickrichtung rechts.
Die Person könnte „nicht zu fassen" sein (glatt, glitschig oder schlüpfrig wie ein Fisch), die Fische, Geld, materielle Werte.

Charaktereigenschaften: Glatt wie ein Fisch, gleitet einem buchstäblich aus der Hand.

Körperlich: Blase, Nieren.

Zeitlich: Frühling.

## Der „Anker"/35

Keine Personenkarte.
Der Anker, der Beruf, verankert sein,
eine Person festhalten, klammern.

<u>Charaktereigenschaften:</u> Festhalten, klammern, nicht loslassen.

<u>Körperlich:</u> Hüfte, Schenkel, Steißbein.

<u>Zeitlich:</u> September/Oktober/November.

………………………………..

## Das „Kreuz"/36

Keine Personenkarte.
Das Kreuz, Karma, karmisch,
Herausforderung im Leben.
Aufgabe. Gläubig, der Glauben.
Verantwortung übernehmen.

<u>Charaktereigenschaften:</u> Sehr korrekter Mensch, verantwortungsvoll.

<u>Körperlich:</u> Das Rückgrat.

<u>Zeitlich:</u> Ca. 3-5 Tage.

# Tiere

Der „**Fuchs**"/14 kann eine **Katze** sein, aber auch einen Hund darstellen. Denn wenn der Hund sich gerade irgendwo anders im Kartenbild hingelegt hat und somit keine genaue Aussage hergibt, muss man seine Intuition walten lassen.

Ansonsten stellt der „**Hund**"/18 immer den **Hund** dar und der „Fuchs"/14 eben den Fuchs und eine Katze.

Liegt eine Duplikations-Karte in der Nähe (die „Ruten"/11, die „Störche"/17, die „Eulen"/12, der „Klee"/2 – evtl. noch der „Park"/20, die „Wege"/22) -, gibt es zwei oder mehrere davon.

Der „ **Reiter**"/1 ist immer das **Pferd** oder ein **Pony**.

Die **Vögel** sehen wir durch die „**Eulen**"/12.
Allerdings können Vögel auch die „**Störche**"/17 darstellen, sollte die Karte die „**Eulen**"/12 sich gerade anderweitig im Kartenbild hingelegt haben. Da ist wieder unsere Intuition gefragt.

# Fuchsstellung

So kann die Fuchsstellung in Bezug auf eine Person sein. Ganz wichtig, diese zu wissen.

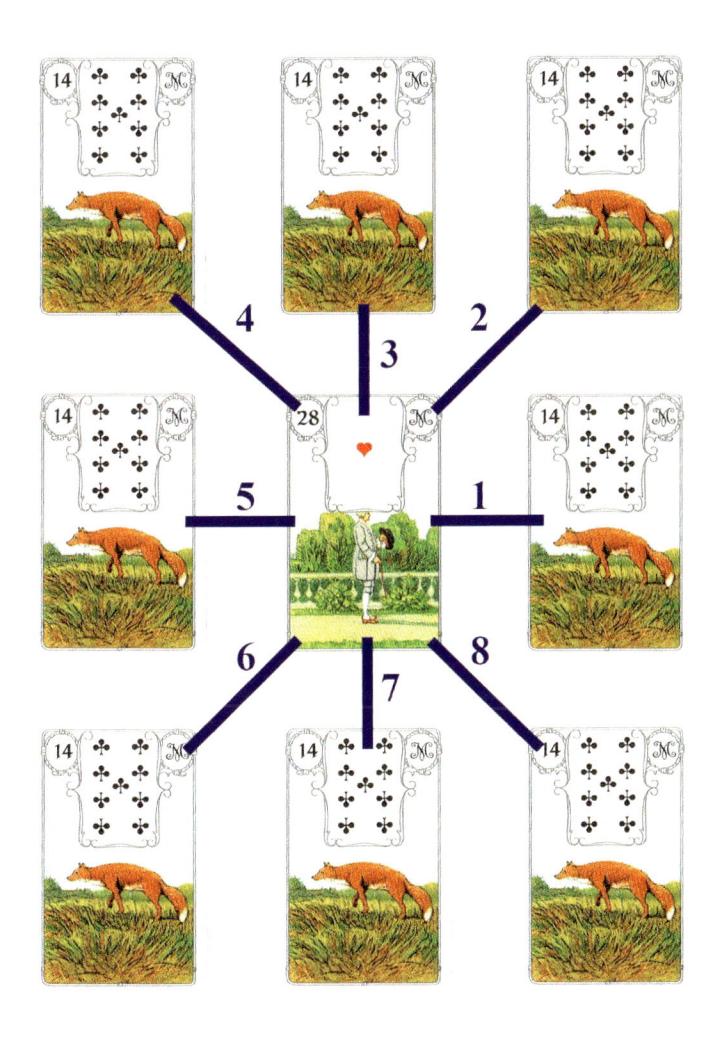

**Aus meiner täglichen Erfahrung:**

Schaut der Fuchs zu einer Person wie Nr. 1,
ist die Person vorsichtig.

Steht der Fuchs rechts über der Person wie Nr. 2,
ist die Person  misstrauisch.

Steht der Fuchs  über der Person wie Nr. 3,
also auf seinem Kopf, ist die Person intelligent.

Steht der Fuchs links über der Person wie Nr. 4,
ist die Person hinterhältig.

Steht der Fuchs hinter der Person wie Nr. 5,
ist die Person unehrlich.

Liegt der Fuchs links unter der Person wie Nr. 6,
benutzt er Notlügen.

Liegt der Fuchs direkt unter der Person wie Nr. 7,
ist die Person ehrlich.

Liegt der Fuchs rechts unter der Person wie Nr. 8,
neigt die Person zu Angebereien oder fällt auf andere leicht herein, ist also leicht zu beeinflussen, sie ist unsicher.

**Bei der Dame ist es genauso, nur seitenverkehrt.**

## Die Erklärung zum Rösseln

Jede Karte muss in einer Verbindung zur nächsten stehen.

Es fängt von einer beliebigen Karte an, die wir uns ausgesucht haben. Von dieser überspringen wir dann entweder eine Karte oder auch zwei oder drei.

Es kann in der Diagonalen nach rechts im Kartenbild sein, oder in der Diagonalen nach links oben oder auch nach unten.

Und von dieser Karte, dort wo wir jetzt angekommen sind und noch immer keine Aussage erhalten, dürfen wir auch über weitere Karten nach oben oder auch im Zickzack springen, so lange bis wir eine Aussage bekommen.

Doch immer die Anfangskarte im Auge behalten, von der wir angefangen haben zu Rösseln.

# Partnerschaftslegung

Bekomme ich keine direkte Aussage im großen Kartenbild auf die Frage der Partnerschaft, lege ich ganz speziell auf den „Herrn"/28 und die „Dame"/29, und das sieht so aus:

Dann mische ich, und die nächste Karte, die ich auslege, ist die mittlere Karte, die Signifikations-Karte. Das ist die Karte, die aussagt um was es zwischen den Beiden geht.

Hier sehen wir, da der „Herr"/28 die „Dame"/29 direkt anschaut, entscheidet, die „Wege"/22, er sich für die „Dame"/29.

*Die Karten, die über den Beiden liegen, sind ihre jeweiligen Gedanken. Die Karten, die unter ihnen liegen, sind die Themen, die sie fühlen und nicht aussprechen.*

Der „Herr"/28 macht sich Gedanken, ob das Treffen, die „Blumen"/9, auch stattfinden wird, und wenn ja, würde er sich sehr freuen, die „Sonne"/31. Obendrein fragt er sich, ob die „Dame"/29 auch treu, der „Hund"/18, oder nur oberflächlich ist.

Die „Dame"/29 macht sich ähnliche Gedanken über den „Herrn"/28 und ob sie sich überhaupt mit ihm treffen soll.

Was beide nicht aussprechen:
Er würde sich beständig, der „Turm"/19, für die Liebe, das „Herz"/24, mit ihr entscheiden, wagt es ihr noch nicht zu sagen, die „Ruten"/11 und das „Buch"/26 (er schweigt noch).
Der „Fuchs"/14 ist die Vorsicht, abwartend.
So wie die Fuchsstellung hier zeigt.

## Noch ein Tipp von mir

Diese Legung nenne ich im Grund eine Nachkontrolle. Diese Legung verwende ich immer dann, wenn mein Klient nachfragt, wann es denn endlich in seinem Leben besser wird, und ich sehe im großen ausgelegten Kartenbild vor dem Klienten - der Person - nur positive Karten liegen.

Anmerkung:
Ihr wisst ja nun schon, dass alles, was vor der Person liegt, egal ob Ihr die jeweilige Hauptperson oder das jeweilige Sternzeichen nehmt, um die es geht, ob männlich oder weiblich, immer die Zukunft ist.

Oft rufen die Klienten an, wenn die negative Zeit schon fast vorbei ist. Dem entsprechend zeigen die ausgelegten Karten natürlich fast ausschließlich nur positive Karten an.

Dann wird man selbst stutzig und denkt, hoppla, woran kann ich denn erkennen, dass es momentan meinem Klienten nicht so gut geht? Also habe ich herausgefunden, dass man den obersten ersten 6er Block auf der ganz linken Seite, das heißt, die ersten drei Themenkarten - wie in meinem gemischten großen Kartenbild zu Anfang beschrieben und ersichtlich - und die drei darunterliegenden Karten, als Block in Gedanken auf die gegengleichen unteren Karten im großen ausgelegten Kartenbild (Partnerschaftsbild Seite 8) legt. Hier mal als Auszugsbild ersichtlich.

Ihr werdet erstaunt sein, dass wir damit einen gewissen „Ausschnitt" von einem Thema herausfinden.

In diesem Falle können wir sehen, dass alles, was die „Dame"/29 zum heutigen Zeitpunkt auch beruflich ausübt, sie schon

in der Kindheit gemacht bzw. von dort mitgebracht hat. Ich gehe sogar soweit, das sehen wir an dem „Bären"/15, die „Dame"/29 hat schon ganz viel spirituelles Wissen in die Wiege gelegt bekommen, das sagt die Karte der „Bär"/15 einfach aus.
Die Lenormand-Karten sind auch sehr tiefgehende spirituelle Karten.

Ich hatte auf der Seite 13 schon beschrieben, dass der erste 12er Block die Kindheit und die Familie, also auch das Elternhaus beschreibt. Siehe die Beschreibung der „Dame"/29 im großen Kartenbild.
Wir lassen den mittleren Block total unberührt, denn dieser ist die absolute gegenwärtige Situation.

Das Gleiche können wir natürlich - ich mache es genauso - auch mit dem gegenseitigen Block machen, wie hier ersichtlich:

Es ist auch ein Ausschnitt aus dem Partnerschaftsbild von S. 8. Ein 6er Karten-Ausschnitt von dem auf der linken unteren Seite des großen gemischten Kartenbildes, was wie Ihr schon wisst, den elterlichen Themenraum betrifft. Der obere rechte Ausschnitt der 6er Karten betrifft – wie Ihr auch schon wisst, nur zur Erinnerung – Arbeit/Beruf, Freunde und Bekannte. Wir haben uns auf das Thema, hier generell die Partnerschaft beschränkt! Man könnte natürlich noch vieles, vieles mehr ersehen, wenn der Klient danach fragen würde, das nur am Rande bemerkt.

Wir sehen hier wieder, dass der „Herr"/28 sich noch sperrt oder nicht auf sein „Herz"/24 schauen will. Noch einmal betont durch den „Fuchs"/14 (siehe Fuchsstellung ab Seite 81): „Vorsicht vor Gefühlen".

Es ist für den „Herrn"/28 eine Warnung, er sollte seine Blockade, der „Berg"/21, loslassen und hinschauen, auf was seine Gefühle bezogen sind und was diese ihm sagen wollen. Hier hat es im Grunde mit der Mutter oder einer Exfrau zu tun, also generell Frauenthemen. Diese sollte er bearbeiten. Ok, doch das ist wieder ein anderes Thema.

Das ist aber u. a. der Grund, dass der „Herr"/28 es schwer hat mit einer Partnerschaft!!!

Hiermit wollte ich Euch nur darstellen, dass man durch diese „Nachkontrolle" noch vieles mehr und intensiver – wenn es denn gefragt wird – erkennen und dem Klienten auch mitteilen kann.

*Anmerkung:*
*Ein Hinweis auf „verschiedene Legesysteme" ab Seite 91:*
Wie ich auch schon im Text beschrieben habe, kann man durchaus auf jeweilige gezielte Fragen – ich würde es sogar vorschlagen – eine kurze Legung ausführen, wie Partnerschaftslegung und Tageslegung. Diese Legung passt hervorragend auf ein ganz spezifisches Thema, wobei man vielleicht aufs Geld oder beruflichen Vertrag oder wie entscheide ich mich legt.

## Die Spiegelung

Ihr stellt Euch vor, dass Ihr einen imaginären senkrechten Strich in der Mitte des großen ausgelegten Kartenbildes macht und dann klappt Ihr es in der Mitte zusammen. Somit treffen sich die linke und die rechte Seite am Rande.

Die Reihen, die jetzt aufeinandertreffen, nennt man „Spiegelkarten". Diese „Spiegelkarten" gehören bei einer Deutung auch zusammen.

Ich beziehe diese „Spiegelkarten" nicht immer mit ein, nur wenn man aus irgendwelchen Gründen nach einem Ergebnis sucht, wenn man sonst nicht weiterkommt.

# Kartensystem 9er Legung

Diese besteht aus 9 Karten. Ich lege dieses System, wenn ich auf ein spezielles Thema legen möchte, und es obendrein auch schnell und ganz spezifisch sein soll.

Ich nehme mal das Thema: Wird das Treffen mit dem neu kennengelernten Herrn schön?

Ich persönlich nehme dafür die „Blumen"/9, die ich als Signifikations-Karte in die Mitte lege, und lege alle weiteren Karten um die Signifikations-Karte herum. Es werden insgesamt 9 Karten. Während ich mische, spreche ich mir meine Frage innerlich vor, dann lege ich in intuitiver Reihenfolge aus.

In diesem Falle sehen wir:

Das Treffen wird sehr liebevoll, nett und höflich, und doch bleibt jede Person bei sich selbst, der „Turm"/19. Ausgehend von der linken Reihe, dem „Bären"/15, liegt das herzliche, liebevolle über dem „Bären"/15 sowie unter dem „Turm"/19. Ich bezeichne den „Turm"/19 in dieser Legung als Anstand der Dame gegenüber. Die Dame sehe ich hier als die „Störche"/17, die eine gewisse Zurückhaltung an den Tag legt, der „Turm"/19.

Hier können wir sogar erkennen, dass der Herr, in diesem Falle der „Bär"/15, die Dame wirklich noch nicht kennt. Wir erkennen es daran, indem wir vom „Bär"/15 in die Diagonale nach rechts oben schauen, dort liegt das geschlossene „Buch"/26.

Wir können in dieser Legung auch erkennen, dass der Herr schon mit Sicherheit mehrere Damen getroffen hat, der „Schlüssel"/33. Das sehen wir zum einen an dem „Park"/20, und in der Diagonalen links unter dem „Park"/20 liegt die Karte die „Wege"/22, die auch eine Dame darstellt. Er dreht sich aber von der Dame weg.

Ein Endergebnis kann man hier noch nicht erkennen.

# Das Keltische Kreuz

Es ist aus alter Zeit überliefert von den Tarot-Karten.
Ich habe mal eine Legung gestellt mit der Frage: Wann kommt ein neuer Partner auf mich zu?

10. Ferne Zukunft

3. Bewußte Seite

9. Hoffnungen, Ängste

5. Vergangenheit   1. Ausgangssituation   6. Nahe Zukunft

2. Was kreuzt

8. Äußere Einflüsse

4. Unbewußte Seite

7. Du selbst

**1** - der „Berg"/21 ist die Ausgangssituation
**2** - das was kreuzt, das steht entweder im Weg oder wirkt sich fördernd aus
**3** - die bewusste Seite: das wird angestrebt oder wird erkannt
**4** - die unbewusste Seite: das wird gespürt
**5** - die Vergangenheit: das liegt dahinter bzw. das hat dazu geführt
**6** - die nahe Zukunft: was als nächstes kommen wird, so geht es weiter
**7** - Du selbst: das Symbol für Deine Einstellung bzw. Dein Gefühl
**8** - die äußeren Einflüsse: das kommt von außen dazu
**9** - die Hoffnung und Ängste: das wird erwartet oder befürchtet
**10** - die ferne Zukunft: darauf läuft es letztendlich hinaus

Also als allererstes mische ich wieder die Karten und stelle mir selber die Frage beim Mischen, so wie ich es hier oben am eingestellten Bild getan habe.

Wir sehen hier, dass die erste Karte der „Berg"/21 ist. Die zweite Karte sind die „Wege"/22. Die dritte Karte sind die „Störche"/17. Die vierte Karte sind die „Sterne"/16. Die fünfte Karte ist das „Kind"/13. Die sechste Karte ist der „Turm"/19. Die siebte Karte ist das „Kreuz"/36. Die achte Karte ist der „Fuchs"/14. Die neunte Karte ist die „Sonne"/31. Die zehnte Karte sind die „Fische"/34.

Der „Berg"/21 sagt aus, dass der Herr noch nicht da ist, so wie es auch ist. Das nehmen wir mal so an. Die Karte die „Wege"/22 kann oder ist auch oft die Frage: Wie soll ich mich entscheiden? Welchen Weg soll ich gehen? Da schauen wir uns mal die dritte Karte, die „Störche"/17, gleich an. Es könnte sein, dass es noch einen zweiten Mann gibt. Die Karte vier, die „Sterne"/16, sagen das Unterbewusstsein aus, das unheimlich gute Gefühl.

Die Karte fünf, das „Kind"/13 sagt aus, in der Vergangenheit war man zu naiv und auch stolz, der „Berg"/21, oder auch zu dickköpfig und dass man gegen den „Strom" geschwommen ist. Er wollte keine Entscheidungen treffen, wie es im Leben weiter gehen sollte, wollte keine Veränderung annehmen, doch irgendwann muss man sich im Leben entscheiden. Doch dann kommt die Erleuchtung, die „Sterne"/16.

Es kann auch sein, da die nächste Karte der „Turm"/19 ist, dass man erst einmal vorsichtig ist und die Sachen durchdenken möchte. Also, ich lasse mir z. B. Zeit.

Interessant ist die sechste Karte, der „Turm"/19, der einen Mann darstellen könnte, wovon ich hier in der Legung bzw. Fragestellung ausgehe. Es kann auch sein, dass die „Störche"/17 bedeuten, dass man seine Ziele in irgendeiner Form zu hoch angeht.

Es wird ein schicksalhafter Mann sein, also er kommt bestimmt, heißt das. Es könnte nur dauern, denn der „Turm"/19 braucht immer ein bisschen, bis er sich bequemt. Das „Kreuz"/36 bedeutet ja auch, es muss alles seine Richtigkeit haben, der Glaube, Genauigkeit.
So denkt im Unterbewusstsein in ihrer Seele auch die Frau, also beide.

Der „Fuchs"/14 sind evtl. die Leute, die von außen kommen und darauf schauen. Dazu sagen die Karten, daran soll man sich nicht stören, es wird nur Neid sein. Dazu habe ich auf den „Turm"/19 zusammen mit dem „Fuchs"/14 geschaut.

Nummer 9: Die Hoffnung und Ängste, dort liegt die „Sonne"/31, die positive Energie der Gefühle, und die liegen auch darüber. Also nichts von Ängsten.

Die letzte Karte Numero 10, die „Fische"/34, sagt aus, es sind Gefühle vorhanden und auch geldlicher Erfolg.

Quintessenz:
Es muss sich hier für den richtigen Mann entschieden werden. Doch die Karten sagen auch, es wird schon die richtige Entscheidung getroffen werden.

# Die Legung zu jeder gezielten Frage

Je nachdem, was man für eine schnelle oder auch gezielte Frage hat, sucht man sich die dazu passende Karte aus, legt diese in die Mitte und die anderen gemischten Karten drum herum (Reihenfolge intuitiv).

Hier ein Beispiel:
Ich habe auf die Frage gemischt: Soll ich mir ein Haus kaufen oder soll ich noch warten?

Das Haus habe ich in die Mitte gelegt, wie ihr seht.
Nun schauen wir uns mal die Thematik an.

Mir fällt sofort die Warnung auf, der „Fuchs"/14, was will er mir sagen?
Es liegen in der Diagonalen vom „Fuchs"/14 die „Wolken"/6, und die darauffolgende Karte sind die „Fische"/34.
Mir sagt es sofort, das die Situation noch nicht ganz klar ist, auch auf das Geldliche bezogen. Wahrscheinlich betrifft es auch die Bank – ich beziehe immer das „Haus"/4 mit ein bei der Deutung. Bank sagt mir hier in der Legung, der „Bär"/15 und das „Haus"/4, und vor den „Bären"/15 hat sich der „Sarg"/8 gelegt, also Sorgen mit der Bank.

Schauen wir vom „Sarg"/8 hoch, sehen wir den „Turm"/19 und darüber die „Fische"/34, das Geld.
Die Bank wird ihnen auch keinen Kredit ermöglichen, und die Freunde/auch Bekannte, der „Hund"/19, drehen sich elegant weg. Das sagt mir die „Sense"/10, diese sagt in diesem Falle, das Schnelle oder Sofortige wird mit den Füssen getreten, also keine Reaktion in dieser Sache.

Quintessenz:
Mit dem Haus soll noch gewartet werden, da das Geld nicht vorhanden ist, die Bank wird es auch nicht befürworten, die Freunde und Bekannte drehen sich elegant weg. Dort ist auch keine Hilfe zu erwarten.

Ich persönlich führe diese gezielte Legung sehr gerne aus, da man eine direkte Antwort erhält. Wenn nicht, lege ich noch gezielt drei Karten auf die Karte Geld (die „Fische"/34), denn da liegt oft eine Warnung. Da dies bei dieser Legung nicht der Fall ist, lege ich drei Karten auf die „Wolken"/6, um Näheres zu erfahren.

Hier das Beispiel :
wie ich z. B. auf die obigen angezeigten „Wolken"/6 noch drei Karten – zu meiner Neugier – lege, da ich genau wissen möchte, was diese mir noch verraten würden, bezogen auf das Thema „Haus"/4 evtl. Geld? Man weiß es nicht, lassen wir uns mal überraschen.

Jetzt habe ich auf die „Wolken"/6 noch drei Karten zugelegt.

Wir haben hier noch einmal den „Fuchs"/14 bekommen, der die Vorsicht auf den Vertrag anzeigt, der „Mond"/32, der nicht zustande kommt. Sowie die „Sterne"/16 sagen die Hoffnung auf ein gutes Gelingen in der Sache. Doch sie liegen hier in der Vergangenheit (das ist jetzt einfach meine Intuition in betreff auf die Vergangenheit).

Ich glaube, dass es eine große Enttäuschung, der „Sarg"/8, anzeigt, da die große Hoffnung bestand, was die „Sterne"/16 und der „Mond"/32 aussagen.

Es ist Euch sicherlich aufgefallen, dass bei dieser gezielten Extralegung noch einmal der „Fuchs"/14 hineingefallen ist. Das ist deshalb so gekommen, da ich stets ein zweites Lenormand-Karten-Deck dazu nehme, bei solchen Fragen an die Karten.

Generell bei Extrafragen – auch bei der Neunerlegung, wollte man noch drei Karten ganz gezielt auf eine Karte legen - ist es daher besser und genauer. Sonst würde ja evtl. eine Karte nicht mehr im Kartendeck erscheinen um eine genauere Aussage zu bekommen.

# Partnerschaftsbild von Seite 8

# Familienbild von Seite 53

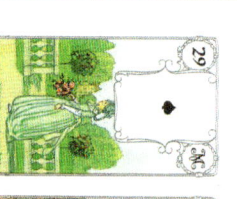

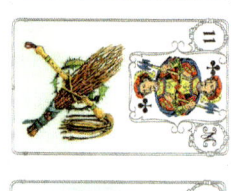

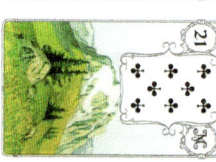

**Sortiertes Kartenbild 1-36 von Seite 9**

# Lenormand - Blaue Eule

Nachbildung des Urania Verlags der **berühmten Wahrsagekarten von Mademoiselle Lenormand.** Originalausgabe, Faltschachtel + Beschreibung, 36 Karten, 56 x 87 mm

Bestell-Nr.: 1821
Preis: 6,95 €

**2 Kartendecks Lenormand - Blaue Eule**
Bestell-Nr.: 1822
Preis: 13,50 €

Erhältlich im OnlineShop des Wittgenstein Verlags unter:
**www.wittgenstein-verlag.de**

# Astrologie und Kartenlegen

### mit

## Gabriela Rogge

**Lenormand-Karten-Beratung**
und mehr über die Autorin erfahren Sie hier:

**www.gabrielarogge.com**

**Verlagsadresse:**

Wittgenstein Verlag
Monheimer Str. 8
91757 Treuchtlingen

Tel. 09142 / 2026900
info@wittgenstein-verlag.de
www.wittgenstein-verlag.de